促进高校内涵发展—学科群—大数据下循环经济与知识管理
(项目编号: 5121911000)
教师队伍建设—创新团队
(项目编号: 77A2011114)

何 琼◎著

我国农机产业集群演化机制
与可持续发展路径研究

Study on the Evolution Mechanism and Sustainable Development
Path of Agricultural Machinery Industry Cluster in China

中国财经出版传媒集团
经济科学出版社
Economic Science Press

前 言
PREFACE

我国是一个农业大国，农业农村发展始终关乎社会发展。2018年12月国务院印发《关于加快推进农业机械化和农机装备产业转型升级的指导意见》（以下简称《意见》）。《意见》指出，农业机械化和农业装备是转变农业发展方式，是提高农村生产力的重要基础；《意见》还明确指出要通过完善农机装备创新体系、推进农机装备全产业链协同发展、优化农机装备产业结构布局和加强农机装备质量可靠性建设，加快推动农机装备产业高质量发展。农业机械是现代农业发展的重要物质保障，加快推进农机产业发展是改善农业生产条件和增强农业综合生产能力的现实需要。我国多个城市启动了农机产业园项目建设，建立了现代农业装备产业基地，农机产业集群已初具规模。

农机产业伴随着我国农业的发展已经发展成为成熟的工业体系，为精细化农业提供了很多机械设备，并且在其他方面也发挥着重要作用，如提高劳动生产率、促进农业机械化进程、促进多种经营、加大增产增收、提高农民收入水平以及增强抵抗自然灾害的能力等。近十多年来，我国农机工业一直保持较快增长，增速排在全球第一位。据统计，截至2018年，农业机械总动力已经达到10.04亿千瓦，我国已成为世界第一农机制造和使用大国。

随着加入WTO，国内市场国际化的发展日趋明显，完全依靠市场价格去争夺有限的市场份额已不再可能。从全球范围看，集群现象已非常普遍，国际市场上竞争力强的产业多呈集群发展模式。农机产业集群可以为农机产业竞争力提升和区域经济发展提供重要力量。研究我国农机产业集群的形成机理、演化机制和可持续发展路径，对促进集群凸显规模优势和品牌效应、提升农机企业国际竞争力、政府实施集群发展战略具有参考价值和现实意义。

本书共分为 7 章。

第 1 章是绪论，简要介绍了本书的研究背景和研究意义，对我国农业机械化发展呈现出的新特征进行了归纳总结，对国内外农机产业集群相关理论研究与实践情况进行了系统梳理。

第 2 章是集群发展的理论支撑与农机产业发展趋势分析，运用集群发展的相关理论分析现有统计数据和文献资料，对我国农机产业集群对我国和其他国家农机产业的整体实力、生产要素、制度条件及竞争力进行了整体比对，总结了国内外农机产业发展趋势，在此基础上对农机产业集群的概念、边界、特征和发展现状进行了界定。

第 3 章是我国农机产业集群形成机理分析，结合农机产业集群的特征，分析了农机产业集群形成的基础条件和环境条件，并基于这些条件，选取了制造业产业集群的形成影响因素中的代表性因素，构建了农机产业集群形成影响因素识别框架；根据农机产业的特征进行推理、设计调查问卷，选择国内涵盖产学研多个层面的农机产业领域专家进行调查，并对回收整理后的问卷数据进行统计分析，从 28 个影响因素中筛选出 18 个更具代表性的因素。

第 4 章是我国农机产业集群演化及阶段识别，将农机产业集群演化分为四个阶段，即形成阶段、成长阶段、成熟阶段和衰退阶段，并对每个阶段政府和市场的作用进行了分析。以山东为例，基于 GESS 模型的农机产业集群演化阶段评价体系，采用层次分析法与模糊数学综合分析法对山东农机产业集群演化阶段进行识别和评价。

第 5 章是我国农机产业集群可持续发展的动力机制，构建了农机可持续发展的动力机制图，确定了系统动力学建模目的和系统的边界，建立了农机产业集群可持续发展动力机制的系统动力学模型，并进行了实证分析。

第 6 章是我国农机产业集群可持续发展路径与对策，结合产业集群发展理论，立足我国农机产业集群的特征和存在的问题，提出了我国农机产业集群可持续发展的路径，即采取内生驱动、外生推动和基础支撑相结合的方式共同驱动集群可持续发展。

第 7 章是结论与展望，总结了本书研究的主要结论及其对农机产业集群发展的指导作用，并对之后的研究进行了展望。

本书以农机产业集群形成机理作为切入点，剖析我国农机产业集群在不同生命周期演化阶段的特征，并对演化阶段进行识别评价，进而研究我国农机产业集群可持续发展的动力机制和可持续发展路径，对我国农机产业集群摆脱现实困境，政府制定整体发展战略规划与配套实施政策，实行农机产业的区域化和专业化生产，提高农业机械国际竞争力，具有重要理论意义与现实意义。

本书在撰写过程中得到了中国农业大学工学院杨敏丽教授的悉心指导，在此向恩师致以诚挚的谢意。在书稿的撰写过程中多次到中国农机院、中国农业机械化协会、山东省农机局走访调研，对此向相关部门领导表示感谢。本书成稿过程还得到了中国农业大学图书馆老师丽娟副教授、北京理工大学博士生陈海涛、中央财经大学博士生初睿、邹亚迪、张吉春以及北京信息科技大学硕士生谢金浩等的帮助，在此向他们表示感谢。书稿中参阅了大量国内外研究机构、学者、专家的研究成果，虽在文中已有标注，但唯恐有疏漏，在此一并表示感谢。

因水平和成书时间有限，书中难免存在疏漏和不当之处，敬请批评指正。

目　录
CONTENTS

第 1 章

绪　　论

1.1　问题提出与研究意义

农业经济是我国国民经济系统的重要组成部分，承担着粮食安全、环境、经济和社会等重要功能，但我国农业总体发展速度相对落后，仍是制约国民经济现代化的薄弱环节。我国若要提高农业产业生产效率效益，摆脱农业人口占据较大比重的现状，促进城镇化和非农产业人口的转移，就必须实现农业现代化，而实现农业现代化的必经之路是实现农业机械化。

21世纪以来，党中央、国务院把农业、农村和农民作为全面实现小康的重要环节。党中央要把解决"三农"问题作为全党工作的重点，加大对农业、农村、农民的关注力度。同时，我国农业以及农村经济结构正在经历战略转型，农机行业有了更大的市场发展空间，在其调整产品结构以及产品总量两个方面增添了新的动力，有了较高的增长点。经过"黄金十年"的发展，我国农业机械化发展呈现出新的特征，对农机产业发展提出了新的要求。一是农机装备水平要求迅速提升，农机化技术促进农机产品结构不断优化。随着土地流转速度的增加，家庭农场数量逐渐增多，围绕提高土地产出率、资源利用率和劳动生产率，保护性耕作、深松、高效植保、秸秆处理、农用航空等农业机械化技术在生产中的大量推广和应用，同时，随着资本、土地等要素供给下降，环保要求的提高，农业发展从过去的传统粗放型转变为高效可持续型，农机装备结构需要相应调整，大马力、高性能和先进适用的农机产品将成为发展方向。二是农机作业水平显著增长，农机化薄弱环节发展加强。农机作业水平由注重数量增长转向数量、质量和效益并重，并特别强调转型升级，对农机产品质量和发展方向提出了更高要求。国家政策引导了农机产业发展的方向，2012年和2014年的"中央一号文件"都强调了要重点解决玉米、油菜、甘蔗、棉花机收等突出难题。三是农机社会化服务水平提升，农机组织规模的增大促进了农机产品需求。农机社会服务组织数量逐年增多，截至2015年底，仅拥有50万元以上原值的农机大户达到19817个，拥有50万元以上原值的农机化作业服务组织达到39173个[①]。四是法律法规和政策体系的逐步完善对农机产业发展起到了促进作用。一系列"多予少取"惠农政策的出台，极大地促进了农民的生产积极性。截至2017年，中央已经连续出台了14个关注"三农"工作的"中央一号文件"。其中在2017年中共"中央一号文件"——《中共中央、国务院关于深入推进农业供给侧结构性改革加快培育农业农村发展新动能的若干意见》中提倡农科教产学研一体化，支持农机企业、农民合作社和家庭农场开展技术合作，实施智慧农业工程，推进农业物联网示范，推进农业装备智能化，这些为我国农机工业发展指明了方向。五是随着工业化、城镇化进程的加快，农村劳动力发生转移，为解决"谁来种地"及"怎么种地"的问题，加快农业领域的"机器换人"进程，对农机装备提出了需求。农机产业为农业作业提供先进的机械装备，为更好更快地实现"农业要强、农民要富、农村要美"的农业现代化目标提供强大的科技之翼。总之，国民经济的现代化离不开农业的现代化，农业现代化的进程关键在于农业机械化的水平。因此，加速农机产业发展，加强农机推广应用以及加快农业机械化发展具有重要而深远的战略意义。

总体而言，我国农业机械化发展正面临着巨大发展机遇，但同时也面临严峻挑战，与国外农机产业相比，我国农机产业还存在着以下问题：整体创新能力不足，真正能够专业协作、高效配合的农机产业集群发展不足；农机产品在智能化、自动化等方面的技术水平还比较落后，高端农机产品供给不足，不能很好地适应新型农业经营者的需求。基于此背景，本书研究农机产业集群的演化机制和可持续发展路径，对农机产业更好地适应农业规模化经营的新形势，满足我国农业现代化发展对其日益增长的需求，同时实现农机产业自身转型升级等都具有重要价值，主要表现在以下四个方面。

第一，农机产业有效供给远不能满足农业现代化发展的需求。随着农业规模化经营的迅速发展，对农机的需求也正从单一的粮食生产领域向经济作物、

---

① 资料来源：中国机械工业年鉴编辑委员会，中国农业机械工业协会．中国农业机械工业年鉴2016 [M]．北京：机械工业出版社．

林业果业、畜牧养殖等领域多元化拓展。但从供给方看，我国农机产业总产值虽然已近4000亿元，但农机产品仍主要以低端为主，在油菜籽、棉花等经济作物领域的农机产品发展还很滞后，严重制约了我国农业机械化水平的整体提升。我国虽然有各类农机企业近万家，但是与国外农机企业相比，总体还存在规模小且协作少、研发能力弱且高效配合差等问题，从而导致我国农机产品供给中低端有余而高端不足，目前我国农业现代化发展对农机产品日益增长的需求与其有效供给的矛盾日益凸显。

第二，系统化理论研究相对滞后影响着农机产业集群的发展。我国农机企业数量多但质量低，竞争多但合作少，整体创新协作能力不足，并未真正形成高效、专业的农机产业集群。与发达国家产业集群发展相比，我国农机产业集群还只是处于初级发展阶段。究其原因，从国家政策角度看，是缺乏相对完善的扶持和激励政策，或已有的政策可操作性不强；从农机产业现状看，是产业集群发展可遵循的路径较少，企业格局小、长远发展不足，大多数农机企业热衷国内中低端市场的模仿和低价竞争等；从理论研究角度看，对农机产业发展的理论和农机产业集群的形成机理、演进机制和动力机制等方面的系统化研究相对较少，从而导致对农机产业集群发展的扶持政策相对滞后或针对性不足，制约着农机产业集群化水平的全面提升。

第三，国际竞争和资源环境约束迫使农机产业必须集群发展。我国农机产业直接为农业提供装备，为精细化农业提供了很多机械设备，并且在其他方面也发挥着重要作用，如提高劳动生产率、促进农业机械化进程、促进多种经营、加大增产增收、提高农民收入水平以及增强抵抗自然灾害的能力等。目前，我国农机已颇具规模优势，截至2015年底，农业机械总动力已经达到11.17亿千瓦，拥有大中型拖拉机607.29万台，小型拖拉机1703.04万台。2016年农机企业规模以上主营业务占全球农机产值的50%份额，主营业务收入为4283.68亿元，近十多年来，农机工业一直保持较快增长，增长速度占全球第一位①。随着加入WTO，国内市场国际化的发展日趋明显，完全依靠市场价格去争夺有限的市场份额已不再可能。与国际市场平均价格相比，我国农机产品价格整体偏低，拥有较大优势，但农机产品总体的技术管理水平仍与国际水平有较大差距，长期以来遭受跨国农机巨头的挤压，势必会导致我国农机产品的价格优势不可持续。而其中，技术含量较高的农机

---

① 资料来源：中国机械工业年鉴编辑委员会，中国农业机械工业协会. 中国农业机械工业年鉴2016 [M]. 北京：机械工业出版社.

产品受到较大冲击，农机产品的水平、质量、服务将与价格一起成为竞争的重要因素。与此同时，资源承载力和环境保护压力对农机产业发展也提出了更高要求。党的十八大提出要着力建设资源节约型和环境友好型农业，实现农业生态环境保护和资源综合循环利用，加快发展先进适用、低排放、低污染、高效的农机产品，实现可持续发展。伴随着国际市场环境的变化和我国改革开放的深化，未来我国农机制造业必须摒弃传统的发展方式，应以低自然资源消耗强度和高环境效益的方式累积资本、研发技术，走产业集群化发展道路。

第四，农机产业集群发展是我国农机产业转型升级的必经路。在当今经济全球化背景下，区域经济有着较快发展，促进区域经济发展的重要方式是地区产业集群，从美国"硅谷"到"第三意大利"就可以看出在区域经济发展中产业集群的重要作用。回看我国，经济领域中的一些现象也加速了区域经济的发展，如"浙江现象""温州模式""苏南模式"，事实证明，区域产业集群是促进地区经济增长的有效方式。区域工业经济未来的发展方向是产业集群，中小企业可以与领头行业竞争的一个有效路径是：以股权为枢纽，提高自主创新能力，构建企业集团，加大科技投入力度，创造出一条品牌化、规模化、集成化的道路。在我国融入世界经济的版图的进程中，互惠共生、竞争协作、相互关联和资源共享的农机行业产业集群也正兴起，在我国粮食主产区，在制造业基础好的地区逐渐形成一批农机产业集群，如江浙的水稻种植全程机械化设备集群、重庆的小微型耕作设备集群、椒江喷洒设备集群等。

基于上述原因，本书以农机产业集群形成机理作为切入点，剖析我国农机产业集群在不同生命周期演化阶段的特征，并对演化阶段进行识别评价，进而研究我国农机产业集群可持续发展的动力机制和可持续发展路径，对我国农机产业集群摆脱现实困境，以及政府制定整体发展战略规划与配套实施政策，实行农机产业的区域化和专业化生产，提高农业机械国际竞争力，具有重要理论意义与现实意义。

1.2　国内外研究现状

国外学者对于产业集群的研究已有上百年的历史。18 世纪下半叶，产业集群最早出现在英国，其数量增长较快，规模不断扩大，对于促进区域经济快速发展发挥着重要作用。国内学者对产业集群的关注起步较晚，1998 年复旦大学俞忠英教授在《民营小企业的集群化与国有小企业的离散化》一文中第一次详细论述了小企业集群现象，并分析了其形成原因和政府可采取的对策。之后，产业集群研究开始进入我国学者的研究视野，并逐渐成为政府、学术界和企业界共同关心的热门话题，现已成为经济、管理学界研究的热点问题之一。

1.2.1 产业集群形成机制

国外学者从不同角度对集群的形成机理展开了系统的研究。马歇尔（Marshall）是外部规模经济理论的开创者，他深入总结了区位聚集的成因，认为包含规模效应、信息交流互换和技术扩展发散在内的外部性导致集聚的产生形成。杜能（2011）开创性地从区位学角度对农业领域生产布局问题展开研究，为后续集聚理论奠定了坚实的研究基础。韦伯（Weber）基于工业区位理论对产业集聚即工业区位的位移规律进行了阐述，以集聚因素和分散因素阐明了企业的集聚取决于集聚的优势和成本的观点，并创立一套具有完整体系的规则和概念，将集群成因理论系统化。熊彼特（Schumpeter）将研究要点聚焦在创新与集聚的融合上，从创新的角度解释集群集聚现象，并得出创新和产业集群的形成存在双向依赖和促进关系的结论。伴随着工业化脚步的持续加速，产业集聚形成的机理研究日渐成熟。克鲁格曼（Krugman）把产业的集聚现象的发生与具有国际化特征的贸易的存在联系到一起，把空间经济的概念引入产业集群的分析中，将马歇尔理论中集聚成因重新归纳，提出劳动力的共享、辅助产业的聚集和知识、信息交流速率的提升致使集聚形成。熙等（Hee et al. , 2013）从集群结构的角度，研究节点改变对于内部企业绩效的影响度，为集群内部企业发展提供策略指导。于畅等（Chang Yu et al. , 2013）运用文献计量的方法，对工业共生集群演化理论做了分析，为之后的研究提供了理论支撑。新经济地理学派立足收益递增的相关理论，以规模报酬递增和在空间上平衡的交易成本两个关键点来解释各类空间格局下形成的集聚。安吉·埃文斯和马克·米勒（Angie Evans & Mark M. Miller, 2000）分析和研究了美国得克萨斯的酿酒工业产业集群的形成。

国内学者对于产业集群形成机制也给予了高度关注，在已有研究的基础上，从概念定义、方法结构、形成机理、演变发展等角度对产业集群形成机制的相关问题进行概括、归纳和总结。仇保兴（1999）以小企业为研究对象，剖析历史路径和现实角度下小企业集聚的内在触发机制和外部动因，他认为集群内的企业可获得更大的竞争优势，小企业集群的形成源于为改善经营环境而形成的"结盟"，他还强调了社会网络的重要作用。作为产业集群研究的先驱者，王辑慈（2013）系统地归纳了产业集聚理论和产业集群创新网络，并解释了产业的集聚效应与区域创新的内在关联。叶建亮（2001）通过对浙江企业集群现象的分析，认为知识溢出是集群形成的根本。徐康宁（2006）则以国外产业聚集的诸多研究理论为基础，运用开放经济的相关观点解释集聚现象的发生。金寒月（2015）在研究中指出企业家精神、企业文化、商业派别、企业体制等制度因素对中国产业的集聚形成发挥了巨大作用。马中东（2007）认为社会网络的正效应可以提高交易效率，交易效率的提高也可以推动社会网络正效应的聚焦，从而吸引更多的非集群企业入驻集群，进而实现集群规模扩张。

综上所述，经过一个多世纪的研究，国外已形成了一套较为成熟的产业集聚理论体系，对产业集聚形成的机理已形成较丰富、多层次、多角度的理论成果。在工业化快速发展的促进下，国内研究学者也已开始创新性地运用多类交叉理论以探索形成产业集群的因素。然而，与国外对这一问题研究的成熟度相比，我国相关理论的研究仍停留在探索阶段，尤其是理论框架的搭建与机理的实证方面研究微乎其微，距离形成完整的理论体系尚远。

1.2.2 产业集群演化

产业集群演化是受科技和竞争驱动的动态过程，国外关于产业集群演化的研究可以概括为以下四个方面。

第一，产业集群动态演化的经济学视角代表观点。自马歇尔和韦伯以来，产业集群相关问题就一直得到众经济学家的广泛关注，作为新古典经济学的集大成者，马歇尔在《经济学原理》一书中指出：经济学更接近于生物学而不是物理学，也就是说，经济学家的卖家应是经济生物学，而非经济动力学。在马歇尔看来，因演化经济理论具有复杂性，静态均衡研究是经济学发展的一个阶段，动态演化的经济理论研究才是最接近真实情况的研究。韦伯和胡佛（Weber & Hoover）从微观的视角，解释了产业集群形成的关键在于集聚的成本和收益。熊彼特将产业集聚、技术创新和经济增长结合起来进行研究，他认为经济周期出现的原因主要在于创新，创新不是企业的个体行为，在时间上呈现不均匀分布状态，产业集群有助于创新发展，创新依赖于产业集群以及企业间的竞争，也需要企业凝聚在一起，彼此之间相互合作。适当的集群规模是效益最大化的必要条件，低门槛的集群入驻条件会拉低整体效益，奥利弗·伊顿·威廉姆森（Oliver Eaton Williamson，1985）在交易成本理论中提出，节约交易成本是产业集群网络重点强调的内容，即产业集群形成的主要原因之一。史考特（Scott，1986）认为随着劳动分工逐步加深，企业之间的交易次数逐渐增多，交易费用也随之上升，因交易成本和地理距离呈现正相关关系，所以企业通常会在本地寻找交易对象，从而形成了产业集群，该理论认为集群的健康成长需要培育集群内企业的分工协作。克鲁格曼（Krugman，1991）在主流经济学框架中用"中心—外围"模型阐述了产业集群的形成机制，并用计算机模拟了集聚维持的稳定性和区域，证明了该模型可能存在多重均衡，产业集群的形成最终出现在哪些均衡点上是由初始条件和偶然因素共同决定的。

第二，产业集群动态演化的管理学视角代表观点。迈克尔·波特（Michael Porter）认为区域间的竞争实际上是产业集群的竞争，并用钻石模型来解释产业集群的竞争力，他认为集群的成长动力有四大因素：需求条件、相关支持性产业、要素条件和企业竞争战略。同时，他还强调企业的地理因素很重要，地理集中是必要条件。英国和加拿大的学者则在钻石模型的基础上增加了环境要素和市场要素，构建出 GEM 模型。哈拉德·巴瑟特等（Harald Bathelt et al.，2016）以复杂集群为研究对象，研究了大城市地区的集群存在的复杂空间关系，并建立了概念模型。自迈克尔·波特起，产业集群的研究引起了经济、管理学科及其他学科的重视，研究达到了高潮。对于迈克尔·波特的产业集群理论，也有学者认为他构建的模型过于简单，过分夸大了政府职能。

第三，产业集群动态演化的社会学视角代表观点。安娜莉·萨克森（Annalee Saxenian，1992）认为，硅谷新知识的传播得益于好的社交环境，良好的交往氛围利于新知识的产生和传播，促进了硅谷产业集群的快速发展。还有学者在波特钻石模型的基础上引入了人力资本积累、非正式接触、企业间合作、当地资本市场、本土政策等。总之，学者们从不同的角度阐明了社会因素在产业集群的形成与发展中所起的作用。

第四，产业集群生命周期的研究。国外集群生命周期研究始于 20 世纪 80 年代末。奥地利经济学家蒂奇（Tichy）将集群生命周期划分为引入期、成长期、成熟期和衰退期，不同的产业集群在每个阶段的存续周期有较大的差别。意大利学者卡佩罗（Capello）认为，集群演化史是由地理接近型集群到专业化产品区，再到工业区，最后到创新区不断上升的过程，但升级在每个阶段上都有可能停止。自 21 世纪以来，学者们将集群生命周期演化研究领域拓展到了科技企业集群。福纳尔等（Fornahl et al.，2003）将集群发展分为萌芽、增长、持续和衰退阶段。费尔德曼（Feldman）将科技型创新企业集群的形成分为雏形、自组织和成熟阶段。荷兰经济学家范迪克（van Dijk，1997）提出了科技企业的五阶段成长模型，他认为集群演变的最高形式是马歇尔式的工业区，此时的集群具备自我调整能力，能够长久运营下去。意大利学者盖里耶（Guerrieri，2006）将集群成长分为区域生产产业化阶段、地区生产系统化阶段和区域系统化三个阶段，但不足之处是他没有指出集群成长的动力以及将集群的成长分为三个阶段的依据。艾齐伯·埃洛拉（Aitziber Elola，2012）提出在集群演化的生命周期中，成长过程并不是单一路径，而是具有多向性，路径的不同取决于最初的初始条件。任路等（Ren Lu et al.，2016）研究了产业集群在不同的成长阶段对其他协作企业或集群的影响度，并建立了相应的回归模型。提比略·达迪等（Tiberio Daddi et al.，2017）指出，合作方式和基础设施共享是中小企业集群所采用的关键产业共生举措，并运用生命周期评价的方法定量研究了这些举措对集群内典型产品效益的贡献度。日本学者大冢和索诺比（Otsuka & Sonober，2009）对比了东南亚和亚洲产业集群发展史后指出，集群演化会经历数量扩张期和质量提升期这两阶段，但他们没有说明其内在机制，也没有讨论在质量提升期之后集群会如何进一步演化。基姆（Kim，2014）使用网络分析方法研究了软件产业集群的演化节点，并进行了相应的分析。露西安娜和弗朗西斯科（Luciana & Francesco，2015）通过动力学模型，基于 1945 年到 2011 年中国和意大利的企业数据研究了集群所处的阶段。罗马和米凯拉（Roman & Michaela，2015）通过南瑞典斯堪尼亚 ICT 集群的实证分析，指出了区域创新系统在集群演化过程中起到的积极作用，集群演化轨迹的变化促进政策变动，从而促进该地区的知识活动，区域创新禀赋能促使集群应对环境挑战。克里沃希夫（Krivosheev，2015）结合相关企业指标的路径依赖理论和产业集群发展对集群演化的企业指标的影响进行深入分析，提出了基于 SOM 神经网络模型的产业集群演化模型，该模型可定性和定量地分析集群的演化过程。塞瑟（Sæther，2014）从经济地理学和农业地理学的角度研究了挪威农业产业集群，结果表明集群的社会文化是重要的演变因素，勤奋的农民是农业产业集群扩展和稳定的核心。英国剑桥大学的罗恩和彼得（Ron & Peter，2011）认为，集群进化可以借鉴生态学上的"自适应循环"模型来研究。

国内关于产业集群演化的研究主要集中在演化阶段划分、演化机制研究等方面。魏守华（2002）将集群的发展过程分为引入、生长、成熟三个时段。蔡宁将集群的整个发展过程分为起步、生长、成熟、衰减这四个阶段。隋广军等（2004）认为，集群是产业发展演化过程中的一种地缘现象，专业化分工使得集群内各主体都具有较高效率，从而使该地区在竞争中获得优势。喻卫斌（2005）从生态学角度阐述了集群形成与演化的内在机理，他认为，集群的形成和演化是内外条件共同作用的结果，内在机理要求相应的外部环境与之相匹配。陶一山等（2006）在之前的基础上提出了新的成长模型：在初期，企业会相对集中地建设在一起，但还未有合作；之后，企业快速发展，开始形成合作共赢的局面；最后，集群规模进一步扩大，分工更加全面。蔡莉和柳青（2008）按照生命周期理论将高新技术企业归纳为诞生期、成长期和成熟期，并根据其不同的特点对其给予了充分阐述。刘军国（2001）构建了基于报酬递增和分工不断深化的微观机制模型，他认为该机制可使集群不断自我完善。吴义杰和向健（2010）将区域特色产业从集聚到集群的演化分为萌芽期、成长期、成熟期和衰退期或二次成长期四个阶段。金镭（2008）基于经济学的分析方法，运用耗散结构理论和突变理论，构建了产业集群演化发展过程的分析模型，他认为，集群的萌芽是某个偶然性事件在创新的环境下产生的，但并非完全的随机事件。

1.2.3　农机需求和农机产业竞争力

国外研究者使用了支持向量机、神经网络、灰色预测等多种方法来对农机需求进行预测。学者们运用运筹学、数量经济学等理论对农业生产中的经济效益、设施配备、投入产出比和生产系统模拟进行了研究，为农机需求的研究提供了理论基础和研究思路。基于生产理论，国外学者研究了满足市场均衡条件的农机需求量；基于投入产出方法，国外学者研究了特定国家或特定经济区域在特定综合条件下的农机需求量；基于成本理论，戴汀等（Debertin et al.，1982）综合考虑包括农机在内的一切投入，探讨符合利益最大化的农机需求量；基于单方程线性回归方法，阿贝贝等（Abebe et al.，1989）对美国农机总量需求和投资需求进行了分析，研究了影响农机总量需求的因素，这些因素包括农场主的经济实力、农场的净收入和农机与农产品的价格比等。普廖尔（Prior，1987）利用英国农业装备销售数据，对投资需求函数进行了估计，提出了两个假设，一是大量农业设备可以迅速交付，无供给限制，二是频繁更换机器导致折旧率高，基于这两个假设，他提出的这个模型可计算每个时期的可变折旧率，其结果优于使用传统的、固定折旧率的同类模型。

国内研究者对农机需求方面的研究主要着重于宏观层面，如杨敏丽等

（2004）构建了农业机械化发展的总动力分析模型，通过对生产规模等主要因素的分析来预测农机总动力发展。纪月清等（2013）基于省级面板数据对影响农机需求及需求结构的因素进行了研究，结果表明，随着农村劳动力非农就业机会不断扩大，农机需求还会加大，需求结构还将呈大型化、市场化趋势，进而建议相关补贴政策也应向大型化和市场化机械倾斜。在微观层面的研究则相对较少，如易丹丹等（2006）考虑了农户对农机的需求，基于统计调查结果探讨了农户可能的需求方向。

在农机产业竞争力方面，刘荣（2008）以四川乐山井研县的农机产业为研究对象，分析了当地农机产业发展的不足：一是政策扶持不足，限制了产业发展；二是地方企业位置布局不合理；三是产业发展融资难；四是缺乏统一的行业标准；五是企业研发创新能力缺乏；六是市场竞争能力弱，盈利空间不断受到挤压。杜浦等（2014）构建了我国农机产业竞争力的综合指标模型，并运用 2003~2011 年的面板数据，对我国农机产业竞争力进行了比较分析，发现农机产业发展速度迅猛，具有很大潜力；但政府扶持力度还有待加强，建议从产业专利技术的创造、保护和应用，企业产业结构升级和培育农机产业创新型人才等方面着手，促进农机产业发展。卓炜（2014）以江苏省为例，分析了当前农机产业面临的新情况、新要求和新机遇，并从完善农机化政策法规、提高农机科技创新水平和农机社会化服务水平、提升农机公共服务能力等七个方面提出了农机产业应采取的发展举措。杨印生等（2015）认为，当前我国农业机械在设计、生产等环节仍然存在高投入、高排放、低效率等现象，从全生命周期视角提出低碳农业机械化与农业机械低碳化的实现途径，为我国发展绿色农业提供了重要参考。颜廷武等（2015）利用 2004~2013 年 31 个省份的面板数据进行实证分析发现，当前我国仍存在农机装备制造业发展及其投入不合理的状况，应选择符合区域实际情况的农机创新发展路径。

1.2.4 农机产业集群的演化规律

在农机产业集群方面，杨锋等（2007）在分析了我国农机工业的发展情况和产业集中状况后，认为我国目前已形成了山东、河南、江苏和浙江四个产业集群，他认为，集群产生的原因是上述地区的经济发展迅速，有较好的机械制造业基础，同时，他也指出了我国农机产业集群发展存在一系列问题，并从产业集群发展规划、分工合作和社会化合作和技术创新能力三个方面提出了促进我国农机工业产业集群发展的建议。党东民（2011）认为，我国农机产业集群主要分布在农机产业发展基础较好的传统农机制造强省，在这些地区，企业间形成了相互竞争与合作的良好关系，产业分工更为精细，有效地提高了效率，降低了成本。柳琪（2012）则从属地化需求、制造业基础优势、政府推动、跨国巨头集聚效应和竞争不稳定这四个方面阐述了农机产业集群形成的原因，并分析了集群对农机产业竞争力的促进作用和农机发展的新趋势，在此基础上，还以鲁豫、苏锡常和黑吉辽三个集群为实证对象，对这三个集群的竞争要素和发展模式进行了对比分析。谭崇静和杨仕（2013）在运用波特的钻石模型对影响重庆微耕机产业集群竞争力的六种因素进行分析的基础上，提出了提升微耕机产业集群竞争力的措施，即加强集群内专业化分工与合作、增强集群科技创新能力、修订微耕机的相关标准、加大金融和财税支持力度、打造"中国微耕机之都"区域品牌、发挥行业协会的职能。吴海华等（2013）通过对农业装备产业进行国际比较和分析，指出了加快产业集群形成是提高农机产业密集度的重要方式。

综上所述，从前述相关领域的研究成果中，可以获得一些启示：第一，集群发展是一个不断累积演化的过程；第二，集群演化具有路径依赖的特征，制度和技术创新是集群演化的内在动力；第三，影响因素分析是集群形成和演化理论中不可缺少的部分；第四，集群发展利于产业升级和转型。国内外对农机产业的研究主要集中在农机市场需求研究、农业机械化发展研究、农业机械化对农业生产贡献研究等方面，但对农机产业发展的理论和对农机产业集群方面的研究相对较少，且多为碎片化研究，只是提出了产业集群提升竞争力的一些设想，缺乏对农机产业集群的定量分析，我国农机产业集群的发展缺乏理论支持。因此，对于农机产业集群形成机理、演化机制和可持续发展路径研究从理论上进行研究是非常必要的。

1.3　研究目标和研究内容

1.3.1　研究目标

研究的预期目标在于通过建立理论研究框架，研究农机产业集群的现状、集群的形成机理、演化机制和可持续发展的动力机制，找寻集群可持续发展的有效路径，从而为集群的可持续发展提供理论依据和现实借鉴。（1）通过研究国内外文献和统计资料，明确我国农机产业集群发展现状。（2）分析我国农机产业集群的形成影响因素，为促进我国农机产业集群的形成提供思路。（3）采用定性分析与定量分析相结合的方式，分析我国农机产业集群的演化机制，并对演化阶段进行测度，基于系统动力学模型探讨农机产业集群可持续发展的动力机制，从而为我国农机产业集群可持续发展探索一条可行路径，为地方政府制定集群发展政策提供支持。

1.3.2　研究内容

本书大致从以下五个部分展开研究。

一是通过收集文献、整理相关数据，从发展的动力、特征以及发展趋势方面分析国外农机产业的发展状况；通过国内外农机发展的比较研究，明确我国农机产业发展的不足、机遇和挑战，在明确农机产业已现集群化发展趋势的基础上，对我国农机产业集群的定义、特征、载体和空间结构进行界定，对我国农机产业集群发展现状进行分析。

二是农机产业集群形成机理研究。结合农机产业特征，研究归纳和分析农机产业集群形成条件，探讨我国农机产业集群形成影响因素。通过问卷调查，基于因子分析法研究集群形成的影响因素，从而构建农机产业集群形成影响因素框图。

三是农机产业集群演化机制与演化阶段识别研究。基于生命周期理论，探讨我国农机产业集群演化阶段、演化规律以及演化机制，基于统计数据对我国农机产业集群进行识别，并以山东省为例，基于 GESS 模型，采用区位商法、层次分析法和模糊数学评价方法对山东农机产业集群演化阶段进行识别和评价，并提出相应的措施。

四是农机产业集群可持续发展动力机制研究。在前文研究的基础上，分析农机产业集群可持续发展动力要素，通过系统动力学方法构建农机产业集群可持续发展动力因素因果图。在实证研究部分，以山东省为例，使用 Vensim PLE 软件绘制山东农机产业集群可持续发展动力系统流图并进行仿真模拟，从而找出对系统反应最为灵敏的因素，为政策建议提供一定的依据。

五是我国农机产业集群可持续发展路径与对策研究。结合理论与实证分析探索集群可持续发展的路径，并将研究成果转化为有政策指导意义和具有可实施性的方案，从不同视角探讨我国农机产业集群发展的政策支持体系。

1.4 研究方法与技术路线

1.4.1 研究方法

一是文献阅读法和专家访谈法相结合的方法。通过研读来自中国知网、EBSCO、Elsevier Science Direct、互联网上国际上知名研究机构的论文和统计年鉴等获取基本数据，借鉴国内外已有成果、方法和研究经验，通过与农机产业研究专家进行访谈和交流，来把握农机产业集群的特征，探讨农机产业集群形成机理、农机产业集群演进阶段和演化机制、可持续发展动力机制和可持续发展路径与对策。

二是理论分析与实证分析法相结合的方法。基于计量经济学、演化经济学、集群发展理论、系统动力学等理论与方法对农机产业集群的形成机理和演化机制进行分析的基础上，选择山东农机产业集群作为实证分析对象，深入剖析农机产业集群演化和可持续发展问题。

三是统计分析方法和系统分析方法。本书对于问卷中收集到的数据运用统计分析法来探索我国农机产业集群形成机理。在研究农机产业集群可持续发展动力机制时，采用回归分析方法来建立系统动力学方程，从系统的观点出发，分析山东农机产业集群可持续发展动力机制，并根据模型仿真模拟的结论，提出切实有效的政策建议。

1.4.2 技术路线

本书根据集群发展理论、区位理论、增长极理论、系统理论以及社会网络理论，采用理论分析与实证相结合、文献阅读与专家访谈相结合等研究方法，对我国农机产业集群的形成机理、演化机制、可持续发展的动力机制和路径方面进行深入探讨。通过因子分析法对农机产业集群形成影响因素进行评价；基于产业集群生命周期理论，将农机产业集群的演化分为四个阶段，运用区位商法、层次分析法和模糊数学评价方法识别演化阶段；采用系统动力学方法对可持续发展的动力机制进行仿真模拟，基于农机产业集群特征和演化阶段理论，提出我国农机产业集群可持续发展路径，并有针对性地提出可持续发展对策。

本研究技术路线如图 1-1 所示。

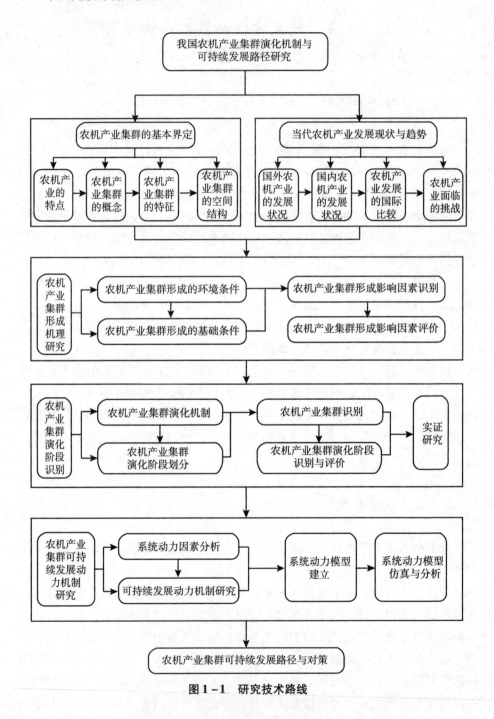

图 1-1 研究技术路线

1.5　本章小结

　　本章对我国农业机械化发展呈现出的新特征进行了归纳总结，针对农业机械化发展面临的机遇和挑战，分析了农机产业集群的演化机制和可持续发展路径对农机产业更好地适应农业规模化经营的新形势，满足我国农业现代化发展对其日益增长的需求，同时实现农机产业自身转型升级等的重要价值，提出以农机产业集群形成机理作为切入点，剖析我国农机产业集群在不同生命周期演化阶段的特征，并对演化阶段进行识别评价，进而研究我国农机产业集群可持续发展的动力机制和可持续发展路径具有重要的理论意义与实践意义。本章对国内外本领域的研究现状和成果进行了综述，分析了当前研究存在的不足，明确了本书的研究目标，交代了研究内容和安排，阐述了拟采用的研究方法并形成研究技术路线图。

第 2 章

集群发展的理论支撑与农机
产业发展趋势分析

2.1　产业集群发展相关理论

有关农机产业集群的研究课题和直接的文献资料较少，但与之相关的间接研究较多，这些间接研究成果，成为本书得以开展研究的理论基础和理论支撑。

2.1.1　区位理论

区位理论包括古典区位理论、现代区位理论与新产业区理论。杜能在《孤立国同农业和国民经济的关系》一文中分析了单个运输因素和由运输因素确定的区位配置问题以及城市周围土地分配的方式，他根据孤立国的假设，构建了在孤立国内将形成以中心城市为中心，由内向外呈同心圆状分布的六个同业圈，即有名的"杜能环"模型，为后人研究奠定了基础。

1. 古典区位理论

（1）韦伯的最小费用区位理论。韦伯从经济区位探讨了工业生产的区位原则，并研究和阐述了大规模人口迁移和大规模工业集聚的原理。1909 年韦伯出版的《工业区位理论》一书标志着工业区位理论的形成。韦伯认为，空间布局中运营商将遵循最小总支出成本的原则，企业最佳区位点也就是成本的最低点。韦伯将聚合经济定义为成本节约，并将区位因素区分为区域因素和聚合因子。从"企业区位"选择视角定量分析了产业集群的形成原因及发

展阶段。韦伯将影响"工业区位"的经济因素进行了详细划分，如图 2 - 1
所示。

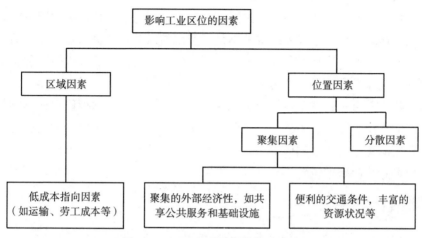

图 2 - 1　工业区位选择的经济因素

　　韦伯还提出了运输成本因素与劳动力成本因素这两个影响产业聚集的条
件。韦伯理论的缺点在于没有对聚集经济产生的原因进行深入探讨，也没有详
细阐释聚集经济，但其理论为西方区位理论研究奠定了基础。

　　胡佛考察了更复杂的成本结构、经济规模，并修改了韦伯的理论体系，同
时引入了区域经济和城市化经济的概念。胡佛认为，"规模经济"是整个产业
规模扩张带来的生产成本节省的实质，外部性使带来的专业化水平上升、单位
产品的平均成本下降。胡佛将经济活动的规模进行了划分，认为其包括三个层
次：与单一生产者的规模相关的经济、与单一企业的规模相关的经济以及与同
一位区位的集聚相关的经济，他将集聚在同一地区的生产者形成的规模经济定
义为"集体经济"。

　　（2）沃尔特·克里斯塔勒（Walter Christaller）的中心地区理论。作为
以城市为中心的市场网络分析理论的创始人，沃尔特在《德国南部的中心
地区》一书中详细阐述了中心区理论，主要研究一个国家或地区的城市规
模和区域结构、城市功能、经济发展和增长。该书还讨论了区位结构的形
成机理，提出了"中心"和"中心度"的概念。沃尔特还提出了"中央
货物和服务"的概念，即对于一定水平的"中心"，其所能达到的范围也
已经可以粗略确定。"中央"地区的经济增长受到附近"中央商品和服
务"需求的影响。沃尔特还认为，政府管理可以影响"中心"分配。中心

地理学理论阐述了综合生产系统的形成与否受到完全同质性领域的经济力量的影响。

（3）奥古斯特·廖什（August Losch）的利润最大化区位理论。基于韦伯和沃尔特的研究，廖什以市场需求因素为起点，建立了一种精细的经济活动区位理论。该理论认为最好的区位并不是指费用的最低点或最大收入点，而是两者之差的最大点。廖什对各种因素进行了分析，认为需求随着价格变化和市场规模的变化而发生改变，这与韦伯的需求和价格假设不同。对于个体经济，利润最大化为其目标；对于整体经济来说，独立经济单位对均衡位置的影响起到了一定的作用。廖什认为整个经济中有很多竞争对手，一个单一的企业生存空间随着新的竞争对手增加而缩小，来自生产者和消费者的两种力量一起作用于经济以确定平衡点的位置。

2. 现代区位理论

现代区位理论的目标是使生产者的利润最大化，使消费者的效用最大化。这个理论的发展主要是由美国学者推动的。其中，艾萨德（Isard）侧重于从部门区位决策到区域综合分析的研究以及分析区域总体空间模型对整体平衡的影响。艾萨德在 1959 年提出了工业联盟的理论。一个工业联盟是一个由贸易、技术等联系在一起的特定空间背景下的一系列经济活动。这些经济活动有很大的外部经济性，联盟内相关企业有密切的生产和技术联系。根据自身生产的特点和与其他企业的关系，选择合适的区位来降低空间交易成本，在所有企业自己的经营决策调整下，使区域整体竞争力有所提高。联盟的所有成员都可以获得一定比例的垄断利润。

3. 新产业区理论

意大利学者巴格纳斯克（Bagnasco）于 1977 年针对工业化提出了"第三意大利"的概念，是指 20 世纪 70 年代迅速发展的意大利东北部与中部，以区别于较落后的意大利南部和经济较繁荣但当时面临经济危机的意大利西北部。自 20 世纪 70 年代以来，美国、法国、英国、德国和意大利等国家产生了一批产业集聚区，在集聚区内中小企业的地理集中以及部门专业化形成了内生力，刺激了当地的经济发展。这种模式与马歇尔所描述的产业区相似，因此被学者称为"新产业区"。新产业区的特征可归纳为三点：小微型企业占绝对优势；传统劳动密集型工业为主，专业化程度高；集群型产业区高度集中。该理论强调一种在组织内部企业高度专业化且相互依赖和信任的共同体组织。

近年来，国内外学者将区位理论和管理学、社会学、区域经济学中的一些经典理论相结合，开展了更为深入、具体的研究。如卡罗尔等（Carroll et al.，2008）认为，对产业集群地理位置与密度的确定是识别潜在产业集群的第一个阶段，并将区位理论与格蒂斯·奥德·吉等（Getis – Ord Gi et al.）的空间统计分析方法相结合，对美国中西部四个州的运输设备产业集群的集中度和产业集聚情况进行识别分析。比林斯等（Billings et al.，2012）认为，区位理论是一种简单方便的产业集群识别工具，但是在准确性和结果的可解释性上仍有改进的空间，因此，他利用数学方法对该理论进行改进，并运用实际数据进行了测算。国内学者针对区位理论在产业集群识别中存在的识别不完整、识别方法的客观性等问题，进行了方法的改进与创新。李广志等（2007）采用区位商和主成分分析法对陕西省产业集群进行识别和选择，通过实证分析，发现该方法可以对集群的"空间联系"和"功能联系"做出很好的展示。王发明（2008）构建了二维集群度分析模型，为集群聚集程度的识别提供了方法指导。

2.1.2　增长极理论

弗朗索瓦·佩鲁（Frmlcois Perroux，1950）的增长极理论主要探讨非均衡增长策略。弗朗索瓦·佩鲁认为，产业集聚的形成主要是由于外部性和产业关联。他认为，在整个行业中，一些部门和产业的增长速度比行业中的其他人更快，而创新集中在这些部门。这个行业对其他行业有着强大的连锁效应和推动效应，吸引并引导了经济资源聚集，使区域经济不断增长。弗朗索瓦·佩鲁的增长极理论是经济空间而非地理空间，他指出增长极包含了产业间的相关效应，而与产业的地理空间无关。法国学者鲍德维尔（Boudville，1968）将增长极理论转化为空间聚集理论，强调了经济空间的区域特征，鲍德维尔认为，增长极是城市不断扩大的工业综合体，通过周边地区的技术溢出效应，促进整个地区的经济发展。拉森（Lasuen，1969）认为，增长极是一个围绕特定领先行业发展的产业集群，与投入产出关系密切相关，地理上聚集在一起，与集群外企业相比具有更快的发展创新速度。赫斯曼（Hirshman，1988）认为，增长极对周围地区将产生积极和消极的双重影响。积极效应称为涓滴效应，这意味着增长极加大投资力度，提高购买水平，充分利用周边地区的剩余劳动力，提高周边地区的人均消费水平和劳动生产率；与之相对的是极化效应，是指增长极区会将生产资料、人才和闲置资金从邻近地区吸引过来，导致其与邻近地区之间的差距增大。

国内学者也结合我国经济发展的现状与特点，将增长极理论运用到我国区域发展、产业集群发展的研究中来。王仲智等（2005）从集群的视角研究了增长极理论的困境。刘芬（2007）通过比较分析，指出了增长极理论和产业集群理论各自应用范围，前者是以分工劳动的模式在资源匮乏不发达阶段采用的；当经济发展到一定水平时，政府应积极实施产业集群发展战略，为集群发展创造良好的环境。

2.1.3　新经济地理理论

自 20 世纪 50 年代以来，经济地理学家们对经济活动空间的特征和规律进行了研究，但其研究方法与主流经济学有很大的不同。基于迪克斯特与斯蒂格利茨（Dixit & Stiglitz）垄断竞争模型，克鲁格曼建立了适应不完全竞争市场环境的规模薪酬的增量模型，并在主流经济学中引入空间因素。1991 年，克鲁格曼在"增量收益和经济地理学"的问题中引入了地理学的经济分析，这标志着新经济地理学的出现。最终产品制造商和中间产品制造商的位置是由行业之间的需求链决定的，成本联系使得产品消费者更接近供应商。新的经济地理模型强调产业联系和市场规模经济，这种聚集因素可以促进产业发展，最终实现区域平衡。

然而，新经济地理学"中心—外围"模型是以静态框架为基础的，模型设定长期经济增长率为零，忽视了内生增长因素对经济集聚的影响，产业区位选择对经济长期增长的影响，鲍德温和福斯里德（Baldwin & Forslid，2000）对这一因素进行了修正，他们在"中心—外围"模型中引入内生增长模型，新模型结合了长期增长与产业区位，其结论为：增长是非稳定性因素，知识溢出效应是稳定性因素。克鲁格曼及众多学者构建发展的新经济地理理论在逻辑上比传统区位理论与区域经济学更为严谨，并且数学建模方法的运用丰富和完善了区位问题的研究。

国内学者们主要是对新经济地理理论进行了应用研究。付金存等（2014）运用新经济地理学框架，结合中国的区域经济发展实践，分析认为地区差距源于本地市场效应和生活成本效应作用下人口与产业集聚的空间偏离，因此，在制定政策时应转变传统的协调发展观，细化发达与欠发达地区的对口帮扶机制，制定偏向于落后地区的优惠政策，构建梯度化的政策体系，最终实现区域间竞争式发展。

2.1.4　波特竞争理论

哈佛商学院的迈克尔·波特（Michael Porter）指出"集群"是在某一特定区域内，具有关联性的企业与机构集中起来，并形成持续竞争优势的现象。之后的学者对产业集群进行了越来越多的研究。产业集群并不是平均分布在经济体内的，而是优势产业通过各个环节进行联系。区域内企业将某一主导产业作为核心，地理集中并在价值链上构建关系网，在国内竞争压力的作用下进行相互协调创新，最终产生灵活、高效的竞争优势，国家、地区和企业都可以采取企业集聚来获得竞争优势。

2.1.5　社会网络理论

有关社会网络的研究最早起源于英国，以英国伊丽莎白·博特（Elizabeth Bott）的《家庭与社会网络》为研究典型。20 世纪 60 年代后，以威廉姆森（Williamson）的新制度经济学理论为研究基础，有关经济学家试图利用社会网络理论来研究分析企业之间相互合作、协同发展的关系。在 20 世纪 90 年代后期形成了一种潮流，相关理论模型被称为"社会网络模型"。斯托珀（Storper, 1995）认为，社会网络模型并不是专门用来分析产业集群的方法，其不仅涉及威廉姆森分析框架中的从市场到层级制度的组织结构，同时还包含网络行为主体之间非贸易的相互依赖性，这种依赖性成为产业集群研究的热点。乌西（Uzzi, 1997）则注重组织的嵌入关系，认为这种关系指的是两个个体间的紧密或特别的关系，不同于无紧密联系的市场交易型，他特别注重嵌入关系中的信任、信息转移和共同解决问题这三个要素。库克（Cook, 2003）认为社会资本不但能对产业集群产生积极影响，也能产生负面影响，如信任、忠诚等具有正面效应的社会资本能促进集群网络。

2.2　国内外农机产业发展趋势分析

我国农机产业发展研究正处于起步阶段，其中政府部门的相关研究起了主导作用，如农业部组织编写的《全国农业机械化发展第十三个五年计划》和《农机装备发展行动方案（2016—2025）》等。另外，一些从事农机产业发展研究的专家学者对农机产业研究起到了重要作用。

政府部门的规划和报告一方面总结了我国农机产业发展的现状、所面临的问题，另一方面制定了我国农机产业发展的方向与目标。如《全国农业机械化发展第十三个五年计划》总结了我国农业机械化发取得的成就和形势，并确定了"十三五"期间的主要任务、区域发展重点、重大行动计划和相关保障措施；《农机装备发展行动方案（2016—2025）》提出了农机制造业总体指导思想；《中国农业机械工业年鉴》对我国农机制造业历年的发展概况、主要的统计数据、行业标准和国家的政策法规等都做了详细介绍和记录，通过对数据进行分析得出当前我国农机制造业所面临的问题以及今后发展的重点。国内学者的相关研究与政府报告具有一致性，从不同维度分析了我国农机产业的发展现状及存在的问题。

2.2.1 国外农机产业的发展状况

关于国外农机产业的发展状况的分析主要从农机产业持续发展动力、典型农机制造业发展特征以及未来发展趋势三个方面来展开。

1. 国际农机产业持续发展的动力

（1）粮食需求是农机产业发展的拉动力。据联合国统计，2050 年全球人口将增加到 92 亿人。全球人口持续增长必然导致粮食需求的增加。美国农业部资料显示，2016 年世界小麦库存降到 30 年来的最低点。而澳洲作为世界第二大小麦产国，亦连续两年干旱导致小麦生产量锐减，饲料与粮食基本依赖国外进口；粮食生产全球排名第四位的欧盟也因频繁大雨而严重减产，对粮食的迫切需求必将促使国际农机产业向更高发展阶段迈进。

（2）科技发展是农机产业升级的推动力。

第一，科技进步和生产力解放了我国传统农业的生产方式。农业生产技术的改善、农产品产量的增长、农业发展取得显著的成就使得我国粮食产量已超过农民自身口粮需要，对市场的需求和依赖使得产业化经营成为农业发展的必然趋势。

第二，信息技术促进农业现代化。农业现代化离不开信息化，信息化是发展农业产业化的战略资源。农业信息化有利于减少消耗，促使传统农业转型优化，促进农业经济结构调整。农业信息服务扩大了农业产业化活动空间，农业产业经营者根据市场需求，以信息技术和知识为纽带，建立灵活多样的农商实体，突破传统资源约束，从而实现农业产业化发展。

第三，自主创新是农业核心竞争力的基础，高层次的科技人才是创新的支柱。人才决定社会以及国家的发展速度与效益。科技人才是科技创新的第一要素，注重培养科技人才有利于加快农业科技队伍的建设和壮大。

第四，产业结构调整加速农机产业发展。知识经济时代下，欧美和日本等利用现代物理、化学、生物、信息和纳米等技术占据着高科技农机工业的创新和高附加值市场的中心地位，从发达国家转出的产业链的低端加工加速了发展中国家工业化进程，提高了农机工业的水平和效率。国家因处在供应链高、低端技术的不同位置存在着附加值的巨大差异，某些国家会在结构调整下产生短期矛盾和问题，这些必然使得抢占科学技术制高点的竞争愈加激烈，不断把农机制造业推向新的高度。

2. 典型国家农机产业的特征

当今国际农机企业的集中度大为提高，欧美、日韩等发达国家和地区已经形成了具有区域特色以及国际竞争力的发展特色。从表 2-1 中可以看出，这些国家农业基本实现了机械化，农机产品制造技术水平高，且形成了农机巨头霸占市场的特点。例如，以约翰·迪尔公司为首的农机巨头公司在拖拉机市场的占有率近七成，联合收割机市场占有率达八成。此外，美国和日本的农机产业相关法律体系也比较完善。

表 2-1　　　　　　　　　　国外农机产业特征

国别	特征	主要代表企业及产品
美国	在种植业、农产品加工、工厂化畜禽饲养等方面世界领先；农业和农村发展相关法律体系完整；政府重视为农民服务，农机社会化服务体系较完整；农业部级机构、州级机构和其他合作组织能充分发挥作用；农艺和农机紧密结合，农业技术和农艺以实现机械化作为前提；重视农业产业化和工业化，机械化农业发展迅猛；申请专利数量众多	美国凯斯纽荷兰（Case New Horlland）、约翰·迪尔（John Deere）、爱科（AGCO）、皮凯德（PICKETT）、满胜（MONOSEM）、阿尔斯波（OXBO）
德国	农机产品制造水平高；实现了自动化的在线检测和下线检测；农机企业适应能力强，对市场需求反应灵敏；出口额居西欧各国前列，出口量占本国全部农业机械的50%	德国道依茨（DEUTZ）、芬特（Fendt）、克拉斯（CLAAS）
法国	机械化水平高，谷物生产和畜禽饲养已实现全过程机械化；在作物育种机械和葡萄园机械方面表现优异；葡萄园机械的机械化作业世界领先；重要的农机出口产品有拖拉机、柴油机、联合收割机、铧式犁、葡萄园机械、大型喷雾喷粉机等	库恩（Kuhn）、格力格尔-贝松（Gregoire - Besson）、布光（Bourgoin）

国别	特征	主要代表企业及产品
英国	种植业实现高度机械化；以种植业和畜牧机械为主；农机企业以小企业为主，但出口额大；本国几大跨国企业的产值占总产值的66%	麦赛福格森（Massey Ferguson）、泼金斯（Perkins）、福格森（Massey Ferguson）
意大利	生产自动化程度高，重视新技术应用；种植业生产全程机械化，养殖业也达到高度机械化；出口额世界第二，部分农机产品在北美市场占有率高达30%~40%	菲亚特集团纽荷兰（New Holland）、沙姆道依兹法尔（Same Deutz-Fahr）
日本	田间作业基本实现了机械化；水稻育秧、插秧、半喂入联合收获机械领先全球；农机企业近千家，小企业居多；农机供应主要集中在四大农机公司，形成了农机生产巨头；农机巨头的市场占有率高，产品种类多，产品生产线完整；全球化的销售网络和生产基地	久保田（Kubota）、洋马（YANMAR）、井关（ISEKI）、三菱（MITSUBISHI）
韩国	农业机械以中小型为主；把中国作为主要出口市场，靠价格优势在国际市场立足；主要产品是拖拉机、联合收割机、插秧机	国际综合机械株式会社（DKC）、大同工业株式会社（DAEDONG）、东洋株式会社（INLFA）

3. 国际农机产业发展的趋势

从世界农机产业发展过程来看，国际农机制造业呈以下发展趋势。

（1）农业机械产品本土化趋势。在农业机械化过程中，发达国家大多以农业生产实际需求为导向，因地制宜、因需制造，结合本国本地区农业生产规模、作业规模、农业资源，以及农业机械化经营主体的需求和经营模式，探索开发适合自身实际生产情况的农机产品工具。例如，具有丰富耕地资源的美国、加拿大等国家均采用大型高效的农业机械来适应其大规模机械化的生产需求；人均耕地在0.1平方千米左右的英国、法国、德国等国家，则主要采取中等规模集约化路线，选择发展中型农机产品。日本、韩国两国人多地少，所以选择小规模精细机械路线，主要发展小型农机产品。

（2）农业机械产品高效大型化趋势。随着发达国家不断调整农业生产结构和扩大农民经营规模，农机产品的大规模、高效、大功率趋势非常明显。为保证使用功率，换挡变速或无级变速装置已被广泛运用在大功率农机中；为使联合收割机切割割幅变宽、增大粮仓容积、增强配套动力，静液压动力装置也已成为发展主流。

（3）农业机械产品多样化趋势。机械化要求不同作物、同一作物的不同作业环节都需要配备不同的设备，此外，各国农业生产经济状况、生产规模和机械需求主体的不同导致了各国对农业机械的需求也各有差异，因此，在技术的推动下，农机产品类别也在不断丰富。据不完全统计，世界农机机械产品种类虽然超过 10000 种，但仍然无法完全满足市场需求。

（4）农业机械产品多功能、复式作业化趋势。科技的不断进步使得复式作业和联合作业在一种机具上得以完成。通过一次作业完成多项任务，可以节省电力，降低燃料消耗，减少劳动时间和土壤碾压目标，而具有多功能的农机产品可通过在同一地区完成不同种类的联合作业任务来降低成本，提高工作效率，增加农机使用者收益。

（5）农业机械产品逐步向控制智能化、操作自动化和驾驶舒适化方向发展。根据国外农业机械工业的发展经验，农业机械向智能控制、自动化操作和驾驶舒适性方向发展已不可避免。高度自动化机械的运行可以使得工作效率得以提升，运营成本下降，驾驶的舒适度有所提高，还可以提高农产品的竞争优势，从而提高在国际市场上的地位。

（6）农业精细化、高新技术化趋势。激光控制土地平整设备、安装 GPS 定位系统和产量传感器的收割机都是农业信息化上的巨大突破。新式收割机可以记录土地中产量的分布、产品的内在成分的比例以及病虫害的情况等信息。通过整理其中的记录信息，可为技术改进和培育更高质量的产品提供数据支持，从而准确引导农民种植、施肥和植物保护用药，以增大投入产出比，从而达到减少资源消耗和保护环境的目的。

（7）注重资源节约和环境保护，促进农业可持续发展趋势。联合国粮农组织提出的"持续满足当代和子孙后代的需要，更好地保护现有资源和环境，技术上适应，经济上有活力，而且社会能够接受的农业"这一可持续农业的概念对农机装备提出了更高要求。近 20 年来，各国越来越注重研发高效利用农业资源的农机装备，节能减排耕作机械、节水灌溉机械、节种的精量播种机械、节药且低残留的植保机械等已成为农机发展的主要趋势。

（8）农机企业兼并重组趋势。国际农机企业的集中度很高，为优化产业结构以获取更大效益，兼并重组已成为国际农机企业不断壮大的手段。随着农机国际市场竞争日益激烈，曾在行业中非常耀眼的国际知名品牌大多已归入几大跨国集团，如图 2-2 所示，菲亚特、福特等农机品牌并入了凯斯纽荷兰；阿里斯查尔默斯、麦赛福格森等农机品牌并入了阿格科公司；沙姆、道依兹法尔等农机品牌并入了沙姆道依兹法尔集团。

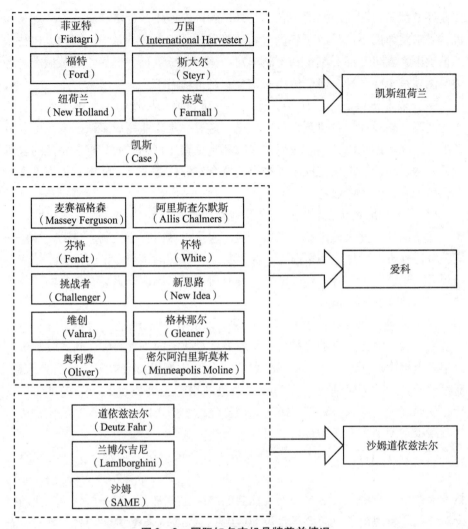

图 2－2　国际知名农机品牌兼并情况

2.2.2　我国农机产业的发展状况

2015 年 5 月，国务院发布了《中国制造 2025》十年行动纲要，为农业机械工业的快速发展带来了新的契机。在农业结构战略性调整的背景下，伴随农业机械化快速发展，中国农机产业集群迎来了一个新的发展机遇。本节从我国农机产业发展经济、产业发展的趋势两个方面展开分析。

1. 我国农机产业发展经济分析

（1）行业经济总量。在规模方面，经过 50 余年的发展，我国农机形成了 10 多个子行业、3200 多种农机产品的完整工业体系。农机制造业增速较快，2010～2014 年，除 2011 年略有下滑外，规模以上农机制造企业数量整体上呈逐渐增长趋势，由 2008 年的 191 家增加至 2015 年的 2319 家。2010～2014 年农机工业总产值逐年增加，如表 2 - 2 所示，年均增长率达到 8.78%。

表 2 - 2　　　　　　　　　2010～2014 年我国农机工业发展情况

年份	工业总产值（亿元）	比上年增长（%）	主营业务收入（亿元）	比上年增长（%）	利润总额（亿元）	比上年增长（%）
2010	2838.10	—	2606.73	—	180.91	—
2011	2898.10	2.11	2580.47	-1.00	161.18	-10.90
2012	3382.40	16.70	3097.60	20.00	213.86	32.68
2013	3800.00	12.30	3779.78	22.02	244.15	14.16
2014	3952.28	4.00	4170.88	10.35	251.24	2.90
2015	—	—	4283.70	2.47	251.73	0.20
2016	—	—	4516.40	5.43	255.24	1.39
平均	—	8.78	—	12.84	—	8.35

资料来源：根据《中国农机工业统计年鉴》整理而得。

在农机主营业务收入方面，2008～2011 年连续三年增幅走势下行，并于 2011 年降到最低点，2012 年有所回升，但增幅下行趋势并未改变，2012～2015 年增幅仍在下降，并在 2014 年的增幅跌至个位数（见图 2 - 3）。

在农机利润方面，增幅起伏比较大，增幅减缓也是基本走势，如图 2 - 4 所示，在 2005～2009 年间，利润处于高速增长阶段，同比增长率呈现 U 型规律；2005～2007 年增幅放缓，2007～2009 年增幅逐年增大，2010 年增幅骤降，自 2011 年开始进入低速增长阶段。总体来看，农机利润近几年增长缓慢，农机企业经营压力明显增大，原因有三：一是市场竞争激烈，低端农机产品过剩，产品售价降低，企业收入下降；二是财务费用增幅大，融资成本大，购机补贴资金结算慢；三是固定投资增长大，摊销成本增高。

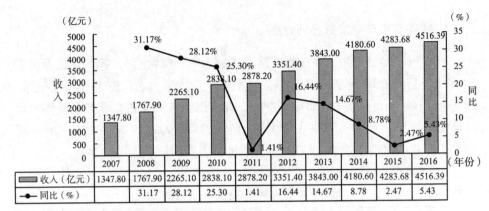

图 2 - 3 2007 ~ 2016 年农机主营业务收入趋势

资料来源：根据中国农机流通协会数据整理而得。

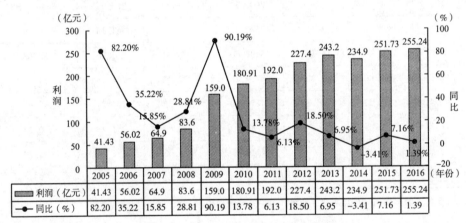

图 2 - 4 2005 ~ 2016 年农机利润趋势

资料来源：根据中国农机流通协会数据整理而得。

　　农机市场增幅下行趋势有其内在必然性，客观上，这种趋势与新旧增长动力还没完成转换有关，传统市场刚性需求下降，农机供给侧还没有随着市场变化而进行调整；主观上，部分农机企业创新水平不够，研发资金投入的不足直接导致产品在市场上竞争力不佳。

　　（2）我国农机制造业出口现状。在农机出口方面，如图 2 - 5 所示，2010 ~ 2014 年连续五年间，出口额一直上升，2011 年甚至出现了同比超过 20% 的反弹后又回归个位数的增长，但 2015 年同比增幅下降，说明农机出口贸易正面临着严峻考验。如图 2 - 6 所示，2015 年出口贡献率也明显下降。

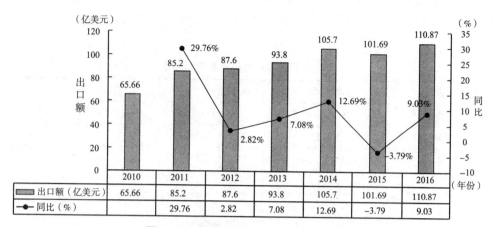

图 2-5 2010~2016 年农机出口额趋势

资料来源：根据中国农机流通协会数据整理而得。

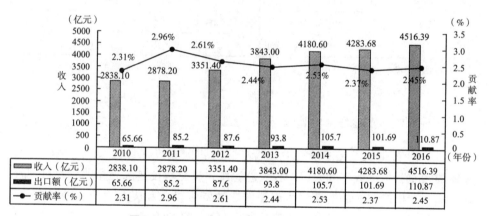

图 2-6 2010~2016 年农机出口贡献率趋势

资料来源：根据中国农机流通协会数据整理而得。

我国农机主要出口市场稳定，亚洲一直以来都是我国农业机械出口的最大市场，占农机出口总额的 38.13%；对欧美市场的出口则是出口市场的短板，但近年来也取得了小幅增长①。如表 2-3 所示，受世界经济影响，2015 年，我国对欧洲出口增势减缓，出口额为 581345.79 万美元，同比下降 4.3%。其他地区出口方面，仅欧盟有所增长，出口同比增幅为 4.9%，市场份额达 17.4%，其他市场均有不同程度的跌幅，其中跌幅最大的是非洲市场和大洋洲市场。2015 年我国农机出口排名前五的是：江苏、浙江、广东、上海、山东

---

① 中国农机网. 2014 年我国农业机械进出口分析 [J]. 农机市场, 2016 (4)：57-59.

五省市，五省市的出口总额达 178.38 亿美元，占全国出口总额的 62.80%①。

表 2 – 3   2015 年我国农机出口主要市场量表

地区	出口额（万美元）	出口占比（%）	出口同比（%）
全球	2840140.40	100.00	– 4.30
亚洲	1136121.10	40.00	– 2.20
东盟	424623.64	15.00	– 7.00
中东	196621.11	6.90	– 8.10
非洲	245794.68	8.60	– 14.10
欧洲	581345.79	20.50	– 4.30
欧盟	493462.89	17.40	4.90
拉丁美洲	219176.65	7.70	– 5.90
北美洲	597291.45	21.00	– 2.10
大洋洲	60410.67	2.10	– 13.10

资料来源：根据文献资料整理而得。

2. 我国农机产业发展的趋势

（1）对农业现代化的推动力显著增强。我国农机在替代人力、减轻劳动强度的同时，生产成本和农民的种植意愿跟机械化程度越来越相关。农机现代化加速了其生产方式的变革，实现了农业的资源投入和废弃物产出的减量化，这对农业产业链条的延伸和农业可持续发展具有重要作用。

（2）企业整合并购加速。自 2008 年金融危机后，全国各行业都掀起了并购热潮，农机行业也是如此。农机企业并购可以克服自身积累的渐进式发展，达到跨越式增长的目的，还可对优化产业结构和提升运行质量起到重要作用。农机产业并购热潮还将持续，在并购中，农机企业应把握优势，从战略高度重视企业文化的融合，形成多元化整体发展战略。

（3）农机扶持政策力度增强。近年来，农机行业的相关扶持政策也密集出台，从战略定位到具体举措都在逐步完善。2015 年 5 月公布的《中国制造 2025》这一行动纲领将农机化科技创新作为重要的战略部署，实现农机产业转型升级成为重要的发展目标。2016 年 3 月发布的"国家'十三五'规划纲要"

---

① 于东科. 2015 年我国农业机械进出口分析 [J]. 农机市场, 2016 (4)：57 – 59.

将加快农业机械化和推进农业机械化作为实现农业现代化的战略议题。2016年10月颁布的《全国农业现代化规划（2016—2020）》对农业机械化战略升级做出了部署，在国家重点研发计划中引入了"智能农机装备"。2016年"新产品购置补贴试点方案"出台，将技术先进、能填补国产农机制造空白，生产上能有力推进主要农作物生产全程机械化或能显著提升当地主导农业产业机械化水平的农机装备纳入补贴范围，从政策导向的角度优化调整农机产业结构。总体而言，"十三五"时期农业机械化发展良好，发展的环境在日趋改善。

（4）农机产业集群化发展已显现区位优势。农机产业走集群化发展道路有利于提升农机产业的创新力和竞争力，具体表现在：通过专业化分工与社会化合作，集群内企业之间实现了资源共享，获得了规模经济；通过集群内部成员企业之间的正式与非正式交流，实现了集群内主体之间的互动，使集群内部各企业能获得集群外部企业所无法获取的学习和创新优势；通过品牌共享，集群在市场竞争中获得较大优势。目前，我国已形成一批具有本土特色的农机产业集群，比如河南洛阳的拖拉机产业集群、山东潍坊的柴油机产业集群等。农机产业集群在当地地理优势和产业扶持政策的支持下，生产配套能力较强，产业链较为完整，为我国农机产业发展起到了很大的促进作用。

2.2.3 我国农机产业发展的国际比较

我国农机产品种类仅有3500余种，与国外的7000多种相差甚远，并且我国农机制造水平和智能化水平远低于国外，这也就意味着我国农机制造业在品种的扩大以及产业升级、高端产品的发展方面还有很大发展空间①。

1. 整体实力比较

经过十年的高速发展，我国于2012年超越美国成了世界上最大的农机制造和需求国，农机市场的快速发展和广阔的市场空间吸引了许多国际高端农机企业和国内其他行业龙头企业拓展业务。但毫无疑问，我国农机行业无论是从核心技术、制造水平、原材料、发动机等硬件方面，还是从企业管理水平以及商业与盈利模式等软件方面与国外相比差距还非常明显。美国农机企业收入多年来稳居世界第一位（见表2-4）。美国农机产业已领跑世界100多年，其在发展中形成了完善的管理经验和先进的技术，这些经验和技术对正在转型升级

---

① 中国行业研究网. 我国农机制造业市场前景分析. 2013年3月7日.

的中国农业装备产业具有较大的借鉴价值。

表 2－4　　　　　　　2012 年世界部分农机企业效益情况对比

企业	所属国	主要农机产品	销售收入（亿美元）	净收益（亿美元）
约翰·迪尔公司（Deere & Company）	美国	拖拉机、联合收割机、耕作机械、播种机、植保机械、牧草机械、青饲收获机械和棉花采摘机以及相关配套的农机具等	335.01	30.72
凯斯纽荷兰公司（CNH）	意大利/美国	联合收割机、拖拉机、牧草收获机械、柴油机等	194.27	11.33
爱科公司（AGCO）	美国	拖拉机、联合收割机、柴油机、牧草机械、农机具及零部件等	99.62	5.16
久保田株式会社（Kubota）	日本	中小型拖拉机、水稻联合收割机、插秧机等	72.85	9.98
克拉斯公司（Claas）	德国	联合收割机、拖拉机、牧草机械、自走式青贮收获机、甘蔗收获机、农用运输机械、割草机、搂草机、打捆机等	43.28	2.96
一拖集团有限公司（YTO）	中国	履带拖拉机、轮式拖拉机、收获机械、粮食烘干机等	18.86	0.45

资料来源：中国机械工业年鉴编辑委员会，中国农业机械工业协会. 中国农业机械工业年鉴 2013 [M]. 北京：机械工业出版社.

总体来说，我国农机产业制造技术及装备水平仍落后 20～30 年。从企业设备更新系数上看，部分老企业的设备更新系数较低，仅为 0.3～0.4（标准为 0.6～0.7），也远低于其他机械行业。生产设备的陈旧直接影响了农机产品质量，如自走式联合收割机的平均故障间隔时间仅 45 小时左右，而发达国家的可达 100 小时以上；拖拉机的大修时限（2000～4000 小时）也远低于发达国家（5000～10000 小时）。我国农机产业规模和技术水平与世界农机强国相比差距较大，尚处在"大而不强"阶段，产品核心技术依赖性强，技术创新能力弱，垄断价格居高不下，导致农业生产综合成本很高。

2. 生产要素比较

在劳动力资源方面，我国拥有较为丰富的劳动力资源，这造就了农机产业制造成本较低，使得我国农机产品在国际上占有一席之地。然而，低廉的劳动力资源在国际竞争优势中作用较小，而高级人才是构成产业国际竞争优势的要素。据统计资料显示，2004 年德国农机企业职工人数为 2.5 万人，人均产值折合人民币约 204.3 万元[①]，而 2014 年我国农机企业职工人数约为 41.93 万人，人均产值为 94.25 万元，还不到 10 年前德国人均产值的 1/2。[②]

在技术方面，与发达国家相比，我国还没有建立起以农机企业为主体、市场需求为导向的产学研合作体制。据统计，在 8000 多家企业中仅有 200 家有研发部门，多数中小型农机企业基本没有自主研发活动，长期仿制产品，严重阻碍了技术进步，延缓了产品结构调整的进程。企业开发创新投入少和创新能力不足直接导致了农机产品结构与农村产业结构调整的不匹配。尽管近几年行业利润呈现上升趋势，但农机企业仍长期处于微利状态，甚至亏损状态，并且其利润率在制造行业中也一直处于最低水平，尤其是拖拉机等田间作业机械行业利润率更低，如 2014 年我国农机产品销售利润率达到 5.5%，而拖拉机行业利润率仅为 2%，导致相关农机企业对于技术创新也只能是心有余而力不足了。根据不完全统计，我国农机企业 R&D 投入占销售收入的比重低于 1%，且低于机械行业平均水平，而国外农机企业 R&D 费用的比重则达到了 2% ~ 5%。"九五"时期，国家投入农机领域重大科研项目经费仅有 500 万元，"十五"时期虽是"九五"期间的 5.6 倍，达到了 2800 万元，但其占国家科技支撑项目总体投入的比例仅为 0.4%，直到"十一五"前期该比例也仅为 2%，农机行业研发投入总体偏少。[③]

3. 制度条件比较

发达国家多已形成完整的农机产业相关的法律体系，如美国农机生产企业对产品质量负有法律责任，产品质量产生的影响对公司的信用和效益影响非常大，且一般不容易恢复。发达国家对农业的政策支持和保护、税收优惠方面等都有非常多的倾斜政策。与发达国家相比，我国农机企业质量管理制度不健全，许多企业出现质量管理问题后以处罚为主，而不从提高职工素质、质量意识和严格的管理制度来预防质量问题。此外，我国生产准入制度不完善，造成企业高度重视农机工业形势，难以保障产品的售后服务，既损害了消费者利益，又给行业自身形象和声誉带来了不良影响，还有一些采取跟随模仿战略的

---

　①② 资料来源：中国机械工业年鉴编辑委员会，中国农业机械工业协会. 中国农业机械工业年鉴 2015 [M]. 北京：机械工业出版社.

　③ 许天瑶，耿贵胜，吕黄珍. 关于新时期我国农机工业和农业机械化发展的思考 [J]. 农机市场，2015 (10)：31 - 32.

新进入者，大都采用低价策略优先占领市场，从而导致行业内优势企业的创新投入和产出回报不成正比，打击了企业创新的积极性。

2.2.4 我国农机产业发展面临的挑战

综上所述，我国农机产业取得了一系列不容忽视的成绩，但仍面临以下五方面挑战。

（1）行业发展规模化程度有待提升。农业机械制造业本应是规模效益明显的行业，但在我国却未能形成大规模生产。农机企业组织结构较为分散，规模小、不强不专，规模经济和集聚效应在大多数企业中未能得到充分体现，较低的配套率、高度依赖国外的高新技术，使得降低生产和制造企业的成本变得格外艰难。

（2）产品结构更新不及时。我国农机市场逐渐完善，农机产品能满足国内90%左右的需求，但高端农机市场依旧有较大缺口。农机产品结构不合理，主要表现在两方面：一是"三多三少"，即动力机械较多、小型机具较多、低档次机具较多，而配套农具少、大中型机具少、高性能机具少；二是"四重四轻"，即重主机、重制造、重销售和重整机，而轻机具、轻流通、轻服务和轻配件。作为小型农机产业大国，我国低技术含量和低附加值的小型农机生产过剩，而高技术含量和高附加值的大中型农机产品则较为短缺。同时一些农机产品由于性能及质量原因，不能适应新形势下农业发展的需要，只能从国外进口。

（3）技术创新能力较弱。我国农机产品在主要技术经济指标、产品可靠性、产品结构等方面与发达国家仍有很大的差距，技术水平中最大的差距体现在农机产品的可靠性问题。农机零部件的质量难以达到国际标准，关键零部件的质量问题成为整机创新的瓶颈。农机产业的新产品产值近几年提升幅度较小，平均约为150亿元，占比逐年下降，企业对于新产品的开发能力尚显不足，缺乏发展潜力。

（4）农机工业政策落实程度不足。农业机械工业是我国装备制造业的重要组成部分，但因生产集中度低、规模较小，效益不高，对地方税收贡献小，在促进地方经济的发展方面较为薄弱，因此在某些省份，地方政府对农机工业企业的优惠政策未能完全落实。贷款难、政策支持力度不够和优惠政策落实不到位等问题限制了农机工业发展。

（5）市场全球化和国际竞争加剧。市场全球化对我国高端农机设备提出了更高要求，农机行业需围绕高端设备的技术问题展开攻关，如较高的安全性、较高的可靠性和较高的适应性。为了应对国际竞争的挑战，抢占高端农机市场，农机企业还需把数字化技术和智能化技术尽快融入农业设备中，推动农机自主知识产权核心技术体系的形成，以创新促进发展，确保农机产业的安全。

2.3　农机产业集群的基本界定

2.3.1　农机产业集群的概念界定

1. 农机产业的概念界定

农业机械是指用于农业生产及其产品初加工等相关农事活动的机械、设备。目前，我国已经能生产 14 个大类，113 个中类，468 个小类，3500 多种产品。① 农业机械是农机产业发展的最基本的要素，也是农机产业最终的产品，还是农机产业的内在驱动力。

农机产业主要指为农机行业提供基础原材料的行业、生产农机零部件的行业、农机整机提供商、流通渠道提供商以及农机使用者等共同组成的行业状态的总称，是一个完整的产业体系。农机产业链布局图参见图 2-7。

农机产业是现代农业的重要组成部分，决定着农业现代化的进程，也影响着农业竞争力的强弱。马克思在《资本论》中告诉大家，一个时代的生产力水平取决于用什么样的工具进行生产。农业产业发展水平的提高有利于现代农业实现产业升级，有利于促进农村产业结构升级，有利于提高农民收入，是解决"三农"问题的重要风向标。

2. 农机产业的特点

因农机作业的特定对象、作业物料的特殊性以及作业条件的差异性导致了农机与工程机械大不相同。与工程机械的原地作业不同，农机大部分都在移动中作业，而且随着新技术的发展，作业速度要求越来越高；与汽车相比，农机

---

① 李树君. 中国战略性新兴产业研究与发展——农业机械 [M]. 北京：机械工业出版社，2013.

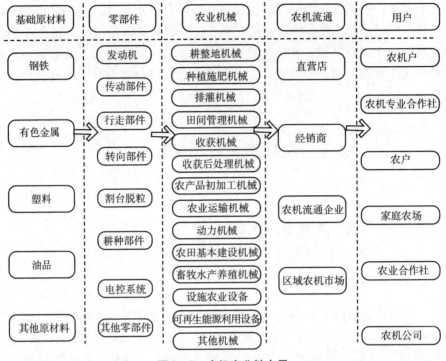

图 2 - 7 农机产业链布局

的行驶地面条件更恶劣，并面临着大强度作业，在大强度作业时还需考虑对农作物的保护；农机产品季节性很强，如在农忙时节，各类粮食收割机作业时间很长，对农机产品质量和稳定性提出了很高要求，否则购买农机产品的个人或组织就会遭遇较大损失。归纳起来，农机产业有以下三方面特点。

（1）农机产业不完全市场化。一般产业的市场运作模式是从生产企业到经销商再到用户，而农机产业的市场运作模式则大有不同。图 2 - 8 是两种运作模式的对比图。

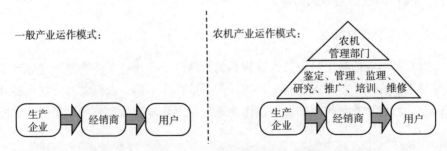

图 2 - 8 农机产业与一般产业市场运作模式比较

（2）农机产业面向农民。农机企业的客户主要是农民，而农民赚钱相对比较困难，属于社会弱势群体，这对农机企业的经营造成了一定难度。因农民不仅依靠农机来生产，而且依靠农机作为一种投资，为其他人提供服务，是养家糊口赚钱的工具。这些对农机企业提出了较高要求，要想打开市场使企业盈利，就必须让自己的产品能得到农民大众的认可。

（3）农机产业依靠国家补贴拉动需求。自 2004 年开始，国家财政每年安排一定额度的购机补贴，补贴额从 2004 年的 7000 万元增至 2016 年的 209.28 亿元。①② 因购机补贴制度不断调整，农机企业的研发计划和生产计划受到很大影响，农机市场深受"补贴"主导，农机企业需要探索其中的规律和问题。

3. 产业集群的概念界定

国内外对于产业集群的中英文术语比较繁多，从建构实在论的角度来看，这些针对同一"实在本身"的不同学术称谓可能纯粹只是用语上的区别。马歇尔最先开始观察和研究英国的产业集聚现象，并将其研究成果记录在《经济学原理》一书中，因此，人们称他是产业集聚理论的创始人。美国学者迈克尔·波特（Michael E. Porter）所著的《国家竞争优势》（The Competitive Advantage of Nation）一书对产业集群的研究使产业集聚现象真正得到学术界和政府政策制定者的广泛关注，并使产业集群概念逐步被广大学者所接受，因此，他所创建的这一概念已成为研究产业集聚现象的主流概念。迈克尔·波特在《区位、集群与公司战略》一书将产业集群定义为："在某一特定领域内的企业及其相关机构因共用性和互补性而形成的地理上邻近且相互联系的群体。"

本书借用马歇尔和其他学者的观点，认为产业集群是集中在特定的区域，由具有相互关联性的企业、专业化供应商、服务提供商、金融机构、相关厂商及其他相关机构等组成的具有竞争与合作关系的群体。由此可以得出产业集群的重要特点：社会分工的专业化、地理空间的接近性和企业关系的网络化。产业集群已经超越了常规意义的产业范围，形成了特定地理范围内多产业相融合、多类型机构相联结的共生体。

---

① 资料来源：中国机械工业年鉴编辑委员会，中国农业机械工业协会. 中国农业机械工业年鉴 2005 ［M］. 北京：机械工业出版社.

② 资料来源：中国机械工业年鉴编辑委员会，中国农业机械工业协会. 中国农业机械工业年鉴 2017 ［M］. 北京：机械工业出版社.

4. 农机产业集群的概念界定

基于产业集群概念及特征，结合我国农机产业的特点，本书认为：农机产业集群是在一定区域范围内，基于当地独有的自然条件和特色人文环境，以某一农机产业为核心，大量与农机产业相关联的企业和相关服务机构，如行业协会、科研机构、高等院校、银行、咨询中心等因共性或互补性而在空间和地域上集中，产业之间有规律地结合在一起的经济集合体。这些相互关联企业或机构在特定区域范围内相互依存、互为补充，形成了较为复杂的群内网络，将集群内成员组成一个有机的统一体。

本书所界定的农机产业集群是以装备制造业中的专用制造业里的拖拉机制造（行业代码为3571）、机械化农业及园艺机具制造（行业代码为3572）、营林及木竹采伐机械制造（行业代码为3573）、畜牧机械制造（行业代码为3574）、渔业机械制造（行业代码为3575）、农林牧渔机械配件制造（行业代码为3576）、棉花加工机械制造（行业代码为3577）和其他、林、牧、渔业机械制造（行业代码为3579）作为农机产业的上游产业和下游产业，本书也将涉及原材料和零部件制造业以及流通市场和用户。

2.3.2 农机产业集群的特征

农机产业集群的特征与其他产业集群具有一些共同特征。

（1）区域性。一是需求导向的市场区域集中性。农机的使用和农作物生产密不可分，在不同的地区种植的农作物也有所区别，因此，使用的农机也不尽相同，即使是同类作物，在不同的种植环境下，耕作和收获的条件也有区别，从而对农机产品也提出不同的要求。同时，受气候、土壤、植被等条件影响，同一类的农机产品在不同的地区适用性也有差异。因此，农机新产品的开发需要经过多次实地实验，考虑到成本的经济性，不同产区生产不同的农业机械，比如甘蔗收割机械的生产应尽量选址甘蔗产区，便于产品试验，也便于农机销售和售后服务。二是供给主导的生产区域集中性。一般情况下，农机发展较好的地方都有比较好的制造业生产基础，当地居民积淀了大量相关生产技术、开发市场的商品经济观念和敢为人先的创业精神。特别是在改革开放后，地方政府抓住机遇，在国家政策的指引下，农机产业发展迅速，因此，农机产业集群的发源地必是农机生产基础好的地方。

（2）网络性。农机产业集群内各主体之间基于供求关系、工艺流程、技

术和服务等关系，互相影响，形成了复杂的网络关系，具体表现为专业化分工
的交易网络、技术交叉组合的技术网络以及共同地域文化和复杂人缘关系形成
的社会网络。集群以农机零部件产业链条为纽带，通过利益联结机制，带动地
方农机企业增收。从产业链视角，农机产业集群是农机企业、机构围绕农机的
生产、运输和销售形成的空间集聚。集群中的行业协会、合作社等众多的中介
组织，连接着产前、产中和产后环节，在集群网络中发挥着"黏合作用"。科
研机构和工业园区作为集群中农机科技研发和推广的"孵化器"，其作用更是
不言而喻。农机合作社作为农机产业下游组织，近些年也起到了促进农机发展
的积极作用。

（3）动态性。区域经济发展、农机教育、科技创新、文化与政治因素都
对集群发展产生一定程度的影响，集群输出的产品、技术和服务要始终适应不
断变化的市场需求，进而对外部环境也产生影响，具有明显的动态性特征。

根据农机产业的特点，农机产业集群也表现出自身的特殊。

（1）农机产业集群对农业政策的高度敏感性。演化经济学家认为，集群
的演化主要由相互关联的要素在自组织机制作用完成，当集群内外环境相对稳
定时，演化会有明确方向，当稳定受到破坏时，演化就会出现分岔，为了保持
集群稳定持续发展，就需要政府部门的宏观调控。农机产业集群的发展受国家
和地方政策的影响，国家层面的政策包括农业政策、农机购置补贴政策、税收
优惠政策和种植补贴政策等，地方层面的政策包括金融政策，如贴息贷款购机
等。这些政策对农机市场销售和产品研发影响很大，在提高农民购买能力的同
时，也有力地促进了农机行业的快速发展。因此，农机产业集群发展的手段也
由单一的政策支持到综合运用各类政策资源。

（2）资本对农机产业集群的强力带动性。近年来，在市场需求的刚性增
长和国家政策的强力推动下，我国农机工业连年高速增长，吸引了大量国内外
资本的进入，比如世界知名农机企业进入中国市场，国内汽车、工程机械，甚
至房地产等企业也都纷纷强势进入农机行业，相关企业和各类资本的进入都强
力带动了农机产业集群的发展。

（3）农机产业集群对季节变动的依赖特性。农业生产由于受自然条件、
生产生活习惯等因素的影响，具有固定的播种、生产和收获的季节性周期，农
机市场需求也在一定时间内随季节变动而呈现出周期性的变化规律。尽管因为
区域不同，农产品的各个作业时间点有差异，但作业时间基本集中在某一段时
间。以玉米收获为例，我国主要的玉米产区的成熟时间在 9～11 月之间，因
此，玉米收获机的销售期一般集中在 7～10 月。季节性因素对农机生产、销

售、库存和维修都产生很大影响，集群发展对季节变动依赖性很强。

（4）农机产业集群对国民经济发展的至关重要性。农业的重要地位奠定了农机工业的特殊地位，使得农机产业集群发展意义重大。发展农机产业集群可以促进农机工业发展，加速我国农业机械化进程，从而提高农民收入，缓解"三农"问题，对建设社会主义新农村也有重要作用。

2.3.3 农机产业集群的载体形式

农机产业集群主要通过工业园区、产业园区、专业市场等载体来实现。

1. 工业园区

工业园区可以实现产业联动发展，是产业集群的重要平台，工业园区经过妥善的开发，可以逐渐发展成为一个产业群落。工业园区具有完善的配套设施、可实现功能互补、投资成本低和行政运行效率高等特点。聚集的规模效应还可衍生出市场、原材料、人力、设备、金融、信息和基础设施资源等以供园区内企业共享，从而达到降低企业进入风险和交易成本，提高劳动生产率和竞争力的目的。

2. 产业园区

产业园区是某产业聚集区或某技术的产业化项目的孵化平台，是企业走向集群道路的主要聚集地。张晓露等（2009）认为，产业园为企业的发展提供了集中的地理空间环境。产业园因管理体系的统一，可以提供研发机构、配套设施及中介服务等资源以供企业共享。但与工业园区需要大而广的宏观政策不同，产业园区要求区域政府制定更有针对性的政策来促进工业发展。相较于工业园区，产业园区的企业多为同一产业链或者相关产业链，企业之间联系相对更紧密。

3. 专业市场

专业市场在发展中国家的产业集群形成中发挥了重要作用。农机专业市场能促使大批相关企业诞生，改革开放形势下，本地企业家群体的活力、本地劳动分工的发展和本国巨大市场推动的力量是别的国家难以模仿的。农机专业市场一般融农机销售、零配件供应、新产品展示和多项服务功能为一体，这些服务包括维修和报废服务、金融保险服务、农机信息服务和农机技术培训等。以陕西杨凌农机市场为例，该市场设有农机展示区、农机体验区、农机交易区、农机配件区、维修中心和办公区等，已入驻企业100余家，年均交易额超1亿元。依托专业市场，还能为农机报废更新补贴工作的开展提供方便，从而推动农机产业发展。

2.3.4 农机产业集群的空间结构

本书借鉴帕特卯和吉博森（Padmore & Gibsonses）创立的"三要素六因素"理论，根据要素在集群中的定位和作用方式不同，从生产要素、环境要素、服务要素三个角度构建农机产业集群的空间结构。生产要素是集群的核心要素，包括处于价值链上下游的企业间以及同水平企业间的竞争协作关系，作为集群存在之根本，主要实现了农机产品和创新流程；生产要素包括供应商、竞争企业、协作企业和客户；服务要素指的是价值链的服务体系，包括技术、知识、市场、人力和信息等要素；环境要素是指集群所处的自然环境和社会经济环境，包括区域自然资源、基础设施、国家和地方政府的法规、政策、外部市场环境等。农机产业集群的空间结构如图2-9所示。

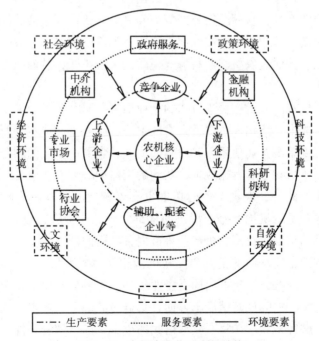

图 2-9 农机产业集群空间结构

2.3.5 我国农机产业集群发展现状

1. 农机产业集群发展的动因

一是规模经济。农机产业集群通过实行内部企业的专业化分工与协作，单个农机企业只承担产业链中某个活动，提高了生产效率，并使得原本没有机会获得规模优势的中小企业通过集群提供的外部合作机会获取规模经济。规模经济是指在一定的规模范围内，平均成本随产量增加而降低，分为外部规模经济和内部规模经济。内部规模经济是指，随着农机产业集群内部生产专业化程度和分工精细化程度的提高，农机企业内部的生产环节、生产部门也不断扩张，造成企业内部生产效率下降，迫使农机企业在经济利益和市场竞争的双重压力下，采取与其他企业合作的方式，比如，集群内的某农机企业放弃对某零部件的生产转而向相关企业采购，既省去了生产该零部件的高额固定资产投资，又降低了相应的生产成本和管理费用，从而降低农机产品的平均生产成本，使企业生产规模达到最优，从而获得内部规模经济。集群内的农机企业利用空间上距离的缩短，以合作、联盟、合资等方式进行专业化分工与协作，弥补自身的不足，实现资源互补，从而获得外部规模经济。农机产业集群的外部规模经济具有正反馈机制，即农机产业在区域集聚后，外部规模经济可吸引新的农机企业进入该区域，并促进农机产业集群规模的进一步扩张，从而获得更大的外部规模经济。

二是降低成本。农机产业集群内的企业通过共享公共设施降低了企业的生产成本、交易成本、营销成本以及人力成本。在降低生产成本方面，集群内企业的集聚可降低单个企业使用公共设施的成本，集群内企业的联合需求和供给可降低原材料价格和节省运输成本，共同的销售中心和专业市场为降低库存成本提供了可能。此外，农机企业的集聚也会以较低的成本获得政府、高等院校、科研机构和金融机构为企业提供的培训、会计、金融、信息咨询等服务，产业链上下游的结合可提高农机产业集群内各项资源的生产率、利用率。在降低交易成本方面，集群内部企业和关联机构相互熟悉和信任，交易频次增加，交易的风险逐渐降低，因集群内同类企业较多，可有效避免垄断现象出现，从而降低交易成本。在降低营销成本方面，集群内的部分企业本身就置身于市场内部，更易了解客户需求，降低获取信息的成本，加之随着集群的发展，形成的品牌效应可以降低单个企业的宣传成本，专业化的分工与合作更易实现产品的互补性和配套性，从而带来更多的客户资源和客户信息，达到农机市场和农机产业集群之间的良性互动。在降低人力成本方面，当农机企业大量集聚后，产业集群中的人才信息也会相应集中，从而吸引专业人才进入集群区域，相应地，集群内的企业在招聘方面搜寻人才和培训人才的成本大大减少。

三是科技进步带动效应明显。集群中核心企业在科技创新方面取得的成果和效益最先被集群内的其他企业所发现，随之带来的竞争压力迫使集群内的其他企业纷纷开展本企业内的创新活动，为了获得竞争优势，集群内会涌现越来越多的新方法的应用，集群内更易实现学科交叉和产业融合，从而使得农机产业集群内部出现更多的新产品和新技术。

2. 农机产业集群发展的趋势

一是集聚程度不断增强。得益于市场经济的发展，在区域优势、政策扶持、产业基础、配套体系、民间资本活跃程度和外资进入等因素的综合作用下，我国农机产业集聚程度大大增强。山东、河南、江苏、浙江 4 个地区农机产业的各项指标在全国占比较高，其中企业数占 57.82%，工业总产值占 77.69%；拖拉机产量占 83.88%，联合收割机产量占 63.46%，低速汽车产量达到了 95.48%。[①]

二是集群之间的竞争由地域性的竞争转向为用户提供服务能力的竞争。随着农机需求多样化时代的来临，不同地域间的农机企业相互渗透的现象将会越来越普遍，在市场能提供过硬质量的农机产品和从用户的角度出发提供解决方案的农机企业和农机产业集群将更富有竞争力。

3. 农机产业集群发展的障碍

近年来，我国农机产业集群发展受到政府和企业的广泛关注，但有关农机产业集群的研究一直存在理论水平不高、针对性不强的问题，集群的发展遭遇障碍，具体表现在以下七方面。

一是农机产业整体发展规划相对滞后。我国农机工业发展虽然面临不少机遇，但产业整体规划缺乏战略协调，各地在制定本区域产业规划时各自"为政"，造成相关环节的重复建设严重，同时还导致市场不良竞争的加剧。部分地方政府片面地认为聚集扎堆就是集群，仅仅将企业赶往开发区，而忽视配套设施建设。

---

① 杨锋，白人朴，杨敏丽. 我国农机工业的产业集群研究 [J]. 农机化研究，2007（3）：7－10.

二是专业分工和社会化合作发展不足。产业集群最重要的特征就是专业分工和社会化合作，但是在我国农机产业集群中，仍有部分企业观念封闭落后，不能与时俱进，短视化发展倾向严重，不能够实现专业化分工、社会化合作式的组团化集群发展，从而导致农机企业产运销成本高、相关企业资源和社会服务未能得到充分有效利用。

三是部分农机行业集中度不高。我国农机企业数量众多但规模偏小，据统计，2014 年，我国近 1 万家企业创造了 3000 多亿元的产值，而前五家大型农机企业的产值仅占 24.6%，其中，福田雷沃和中国一拖的市场占有率也不足 4%①。当前，我国农机工业呈现出一定的地域性集聚，如河南、山东和江苏是拖拉机制造、机械化农业及园艺机具制造以及农副食品加工专用设备制造的集聚地；同时，山东还是农林牧渔业机械配件制造和其他农林牧渔业机械制造及修理业的集聚地，但农机工业的部分下属行业集中程度较低，相对比较分散，还未形成明显的地域性集聚。

四是农机产业集群的形成缺乏有效的机制。导致农机产业集群有"形"无"质"的一个重要原因是农机产业集群的形成缺乏高效机制。农机产业集群企业之间联系不够紧密，大多是竞争，而非合作，企业之间对竞争和合作的认知存在差异，形成盲目、无序的竞争，无法充分发挥规模效应和低交易成本优势。如，河南洛阳周边集中了一批"红"字系列农机企业，就是小四轮组装作坊；常州周边的"常"字系列农机企业，形成了单缸机组装一条龙；莱州、青州一带则集中了一批农用工程机械生产企业。这类农机企业的集聚都有一个共同的特点，即缺乏长远战略，企业之间竞争多于合作，在市场前景好时大力生产展开价格竞争，市场前景不乐观时就迅速退出。

五是集群的科技创新能力较弱。我国农机企业技术创新意识不强、不主动，市场需求导向意识薄弱，满足于为市场提供过剩的低端产品，虽赚取微薄利润，但不仅造成资源的极大浪费，也导致我国农机工业技术水平与发达国家相比差距较大。集群中单个农机企业的创新不足直接导致集群综合创新能力低下，集群内企业间技术交流、创新互动活动较少，多数农机企业未能掌握核心技术，企业仅限于相互间的模仿和低端产品的重复生产，高端农机产品供给严重不足，在国际市场缺乏核心竞争力。

六是核心农机企业在产业集群中的带动力弱。我国农机产业集群中的核心

① 资料来源：中国机械工业年鉴编辑委员会，中国农业机械工业协会. 中国农业机械工业年鉴 2015 [M]. 北京：机械工业出版社.

企业在企业规模、技术水平和人员素质等方面与约翰·迪尔等国外大型农机企业相比都有较大差距。集群中核心企业数量不多、技术含量不高，产品关联度不强，农机产品种类虽多但竞争力弱，造成核心企业在农机产业集群中主导权、话语权不强，比如山东时风、中国一拖等企业的龙头带动作用不足。以江苏为例，农机产业集群内的龙头企业多为跨国公司，或被跨国公司控股的企业，不掌握核心技术，不具备产品开发能力和原创能力，就很难起到龙头企业的带头作用。

七是政府扶持体系或扶持政策待完善。农机工业的管理服务机构、项目培育机构、中介服务机构不健全，影响了农机产业集群的发展。我国为促进农机产业集群的发展，制定了农机补贴等一系列相关政策，购机补贴政策实施十年多以来取得了良好的效果，充分调动了农民对于农机产业的积极性，农业机械化作业水平和全国农机装备水平有了较大提高，农机总动力增长幅度较大，装备结构有较大改善。但在政策的实施过程中仍发现一些不容忽视的问题，比如局部地区机具分布不合理、补贴工作经费不到位、机具管理有所欠缺等。

2.4　本 章 小 结

本章借鉴集群发展的相关理论，通过分析归纳现有研究资料，对比分析了国内外农机产业发展趋势，在此基础上对农机产业集群的概念、边界、特征和发展现状进行了界定。

（1）通过分析现有统计数据和文献资料，对我国和其他国家农机产业的整体实力、生产要素、制度条件及竞争力进行了整体比对，指出我国农机产业整体上处于较好的发展态势，但当前仍然面临一些挑战，包括行业发展规模化程度不高、产品结构更新不及时、技术创新水平较弱、农机工业政策落实程度不足以及市场全球化和国际竞争加剧。

（2）借鉴现有文献资料，在对农机产业、产业集群进行界定的基础上，将农机产业集群定义为：以某一农机产业为核心，大量与农机产业相关联的企业和相关服务机构，如行业协会、科研机构、高等院校、银行、咨询中心等因共性或互补性而在空间和地域上集中，产业之间有规律地结合在一起的经济集合体。有别于其他制造业产业集群，农机产业集群具有其特殊性，即集群对农机政策高度敏感，社会资本对其具有强力带动作用，同时，对季节变动具有依赖特性。

（3）通过分析农机产业集群发展现状，认为我国农机产业集群的载体形式主要有工业园区、产业园区和专业市场，农机产业集群发展的动因来自规模经济、降低成本和科技进步带动效应。

（4）农机产业集群的发展面临的主要障碍表现在集群发展缺乏整体规划、重复建设现象严重、集群形成缺乏有效的机制、集群的创新能力较弱、核心企业带动力不强以及集群的品牌效应不明显等方面。

第 3 章

我国农机产业集群形成机理分析

一个特定产业集群往往会在一个特定区域内形成，这种现象产生的原因国内外学者给出了很多不同的回答，但都存在各自的不足，无法解释具体产业集群形成的原因。对于这个问题的回答，一般分解为三个方面：产业集群形成应满足什么产业条件？产业集群如何集聚？集群出现后又是如何成长的？本章将针对这些问题，结合当前我国农机产业集群形成和发展的实际，围绕集群形成的基础条件、环境条件和影响因素三个部分来阐述农机产业集群的形成机理。

3.1 我国农机产业集群形成的基础条件

农机产业集群形成的基础条件和制造产业集群类似，主要从集群产品本身的特征、产品的互补性关系、集群产品的市场需求、集群的竞争环境等方面展开，这也是农机产业集群形成的前提。

3.1.1 农机产品的可分解性

最终产品的可分解性由产品组分的可分解性和产品生产工艺的可分解性两大部分构成。其中，产品组分的可分解性是指先生产产品的不同组成部分，再经过组装加工形成最终产品；对于生产工艺可分解性的产品而言，特别的是，用节拍方式生产产品的工艺流程能够在不同企业中进行，每个不同的企业专业化完成自己的工艺流程。因此，最终产品的可分解性决定着群内企业的专业化分工。

农机产业集群形成的首要必备条件是农机产品具有可分解性，即健全的产业集群下企业间有明确的社会化分工。一般来讲，某个产业的价值链条越长，对其生产过程进行技术性分解的可能性就越大，垂直方向上的劳动分工就越细，从而企业的专业化生产程度就越高，各个企业间的资源整合与互补使得产业更具行业优势，才能吸引越来越多的企业聚集。从前文农机产业布局图中可以清楚地看到，农机产业的价值链条较长，任何一家农机企业想要生产制造出全部的零部件都不能只凭一己之力，而是需要众多的零部件供应商协同生产，提供专业化的配套产品。农机配套件，如传动系、轮胎、发动机、液压悬挂系统、变速箱、车桥、离合器、履带以及密封件等，承担着主机绝大部分的供应，决定着整机的稳定与可靠。农机产品的可分解性为集群内企业间明确的分工奠定了基础，主机企业与农机零配件企业之间的"整零"关系模式越来越得到市场认可。

近年来，农机行业的竞争已不是单纯的企业之间的竞争，俨然已经成为产业链之间的竞争，农机具的配套件和主机厂则处于农机产业链上下游，相应的配套件的质量会影响主机品质的提升。面对农机零部件市场的多样化需求，这些生产企业开始建立自己的品牌形象，开始注重配备件质量的提高，进一步提升主机的品质，为全面机械化带来可能。

3.1.2 农机产品的可运输性

一般而言，产业集群最终产品的可运输性对于决定产品的可贸易性至关重要，它已成为推动产业集群发展的关键要素。其中，集群产品或服务的可运输性既要求产品能够进行运输，又要求产品具有较低的运输成本。集群产业使用集中生产方式，通过贸易交易来获得国内外市场。要是集群产品不具有长距离的可运输性，那这些产品只能在消费市场所在地内流通，而不能形成地理集中。同时，过高的产品运输成本也会加大空间交易成本，进行集中化生产也是一种不经济的行为。

我国各地区的农业呈现出不同的发展特色，由于不同的地理环境、气候条件等因素的影响，极易形成农机产业的地域性划分。而农机产业集群内的产品必定不会局限在该特定区域，其销售范围会覆盖国内乃至国外等领域，此时农机具运输成本的高低决定了市场范围的大小，同时也决定了集群经营效益的好坏。

农机产业的所有产品，大到收获机、小到剥玉米机，农机产品的可运输性都很强，在不同的农区需求量不同，所以不同区域适合发展不同的产业集群，比如在重庆等山区形成了微耕机产业集群，稻米产区适合发展水稻收割机产业集群等。

3.1.3 农机产品生产所需能力的多样性

根据我国《农机装备发展行动方案（2016—2025）》，我国农机生产所需能力正在逐渐向多样化发展，主要表现在以下五方面。

（1）农机技术的创新能力。在农机制造技术与创新方面，重点是进一步丰富农机产品种类，加大开发高效实用、低排环保的农机产品，提高产品实际作业能力，注重产品长远效益和质量。根据各地区经济发展水平的差异，形成高中低端产品竞相发展格局，积极鼓励主机农机生产企业向成套装备生产转型升级。

（2）关键零部件的制造能力。在关键零部件生产制造方面，鼓励运用智能设计、仿真分析和流程信息化管理技术对农机设备的关键零部件进行参数化建模，设计和建立一整套数字化的标准体系和知识库，并构建包含基础标准件、核心零部件、关键结构件和典型零部件的模块化数据库和数字化协同设计平台。

（3）产品可靠性的提升能力。随着农机产品功能的不断完善，参数增多，机电一体化技术的引进，农机产品出现潜在故障的概率也就越大。目前，我国高端农机产品领域的可靠性与国际相比差距很大，有资料显示，我国农机的平均无故障时间只有 30 多个小时，故障率很高。农机企业只有不断提升产品可靠性，才能在现今竞争激烈的市场中谋得一席之地。

（4）公共服务平台的建设能力。加强农机行业技术标准、行业大数据、试验检测能力、产品数字化平台的建设，合理利用行业基础数据库，推动农机制造服务业平台的建设。

（5）农机农艺的融合能力。农机企业在研发过程中必须考虑农作物的生物特性，要对区域差异给予格外关注，以提高农机的适应性。我国农业机械化发展对农机农艺的融合能力提出了很高的要求。

3.1.4 农机产品市场需求的波动性

市场瞬息万变，企业要想基业长青，就必须能够对市场的波动快速反应。对于生产同类产品的中小企业来说，可以集聚在一起，加强相互之间的信息交流，以形成合力，更好地应对市场波动。同普通消费品市场和组织市场相比，农机市场需求具有波动性。随着科学技术的飞速发展，自动控制技术和导航技术广泛应用于农机，一些新兴市场崛起，导致农机市场需求发生巨大变化，具体表现在以下六个方面。

第一，近年来，我国持续推进全程机械化，为了解决耕作、播种、植保、收获、烘干、秸秆处理六大环节与玉米、水稻、小麦等九大作物的全程机械化问题，相关的农机市场也相应发生变化。

第二，玉米籽粒收割机市场的崛起带动了烘干设备市场以几何级数快速增长。随着对该种农机补贴力度的加大，市场也在加速发展。

第三，畜牧业机械发展迅速。农机市场的重点正由三大粮食作物向经济作物、畜牧养殖、林果业等领域转移，相应的农机装备市场潜力巨大。我国草原总面积很大，是耕地面积的 4 倍，但草业畜牧业生产力水平较低，还有很大发展空间，再加上国家开展沙尘暴治理工作，这些都将会导致畜牧业机械的快速发展。

第四，无级变速、GPS 导航系统等先进技术都将对农机市场需求产生很大影响。

第五，农机使用者对农机产品的舒适性、节能减排、复式联合作业等需求正在逐步增强。

第六，农机需求主体发生改变。随着土地集中，农业规模化、集约化速度加快，过去分散的个体用户逐步被农机合作社、家庭农场、专业大户、农民合作社消费群体所取代，其比重正以 15% 的年均速度增长。

产业的嬗变大多来源于政策的变化，轻微的政策调整就可能导致整个市场的波动，所以市场需求对政策的弹性很大。以拖拉机产业为例，我国拖拉机生产产能已严重过剩，过剩率达 40%。因此，在市场多变的情况下，为降低风险，提高自身的市场应变和竞争能力，农机产业中的中小企业通常集结成群，共同分担市场波动带来的风险。

3.1.5 农机产品生产的较低人力成本需求性

目前中国农村富余劳动力达 1 亿人左右，城镇失业及下岗职工达 1000 万人左右，城镇每年新增劳动力超过 2000 万人。劳动力剩余对于社会的和谐发展是非常不利的，三大产业结构中，工业比农业更能吸纳劳动力，农机产业的发展和产业升级能持续创造新的产业和工作岗位，并不断扩大就业和改善就业结构，从而形成农机产业发展与扩大就业的良性互动。我国农机产业集群出现的地区，如山东、河南、浙江、江苏等地，制造业基础较好，民营企业较多，劳动力资源比较丰富，劳动力性价比较高，能享受较低工资和较高边际生产率之间产生较高的利润，从而起到提高集群生产力的作用。以山东潍坊为例，当地国有企业下岗的技术工人，为民营企业的发展提供了许多技术人才和丰富的劳动力资源，再加上小拖拉机技术含量低，容易形成专业化生产，从而使得潍坊变为"小拖城"。

3.2　我国农机产业集群形成的环境条件

3.2.1　资源禀赋

资源禀赋就是一个国家或一个地区在一定时期内的可利用资源状况，由三个部分组成，即人力资源禀赋条件、自然资源禀赋条件和资本品禀赋条件（见图 3 -1）。资源禀赋具有五重含义。第一，与"技术"相对应。比如，有些资源对于拥有开发这些资源并加以利用的"技术"的国家就算资源，对于不具备此类"技术"的国家就不算资源。第二，资源不是绝对固定的，随着时间的推移，资源会变化。开采多了，可能资源就会枯竭；技术进步，可利用的资源范围就会扩大。第三，资源禀赋包括种类和数量，每个国家或地区都有一定种类的资源，每一类资源又有不同的种类和规模。第四，各种资源之间有很强的互补性，即一种资源的开发会很快带动另一种资源的开发。第五，资源禀赋包含资源利用的经济性，资源利用的成本越低，资源禀赋条件越好，反之，则资源禀赋条件很差。产业集群在消耗资源的同时，也在培养资源，即资本品的积累和人力资源的培养。比如，产业集群在消耗（或雇用）大量人力资源的同时，也培养了大批掌握专业技术的工人和各级管理者。

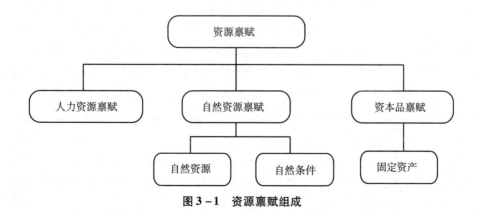

图 3 -1　资源禀赋组成

自然资源禀赋包括自然资源和自然条件两个方面。自然条件是人们赖以生存的自然环境，是指一个地区经过上千万年的非人为因素改造成形的基本情况，包括气候条件、地形条件、土壤条件、动植物、矿产等。比较资源理论认为，自然资源禀赋决定这个区域发展什么样的产业。

农机产业集群的形成源自不同区域间自然资源分布和组合特征具有的差异性。自然资源中包含了农业生产可利用的自然环境要素，如土地、气候、水资源、生物资源等。自然资源对农业的发展具有决定性的作用，尤其是适宜的温度、水分、氧气、土壤等对农作物的生长和发育、产量和质量起着极大的影响，直接影响产业集群的形成，使得不同地区拥有独特的农业生产方式。由于我国的水稻生产集中在长江中下游和黑龙江产区、江浙地区，农机产业集群的产品多为适应南方水田的拖拉机、植保机械、农用水泵等机械装备；河南洛阳产业集群着力生产拖拉机和农用车，则主要缘于作为种粮大省的河南盛产玉米和小麦等主要农作物；重庆地区山区地貌，形成了旋耕机产业集群。

资本品是指企业用于生产的机器设备，也就是固定资本。钢铁、石化、有色金属等特定行业受消费需求、投资需求以及宏观经济调控影响较大，呈现出较强的周期性。区域内资本品资源禀赋影响着农机产业集群的形成。

3.2.2 根植性的地域文化

地域文化是指文化在一定的地域环境中与环境相融合打上了地域烙印的一种独特的文化，具有独特性。农机企业发展跟当地机械行业的发展有着密不可分的联系，不同地区的农机发展依附于不同的历史文化，决定了农机产业集群的本地根植性。一方面，当引入或衍生的新的集群单元无法融入原集群体中，其核心的技术在本地将不易被模仿和迅速扩散；另一方面，如果引进的农机产业集群制度或核心技术不能被消化吸收，并在此基础上进行自主创新，那么就很难在本地根植下来，即使根植下来也会很快面临技术老化、创新乏力等问题。

农机产业集群形成的地区一般都拥有浓厚的产业文化氛围。我国很多地区在形成集群之前，先出现大面积的作坊式生产，区域内的人们对所从事的行业十分熟悉，深谙产品的技术和市场信息，甚至连行业秘密都不复存在。区域内共同的文化传统、行为规范和价值观促进集群内部相互信赖关系的形成，从而大大降低了交易费用，也为企业家之间的协调和沟通提供了方便，进而加深了企业之间的深度劳动分工。根植性的地域文化在特定的产业集群形成和发展过程中扮演着非常重要的角色，产业集群的行为主体是产业集群内的企业家，企业家的精神和气质往往来源于具有历史传承性的特殊地域文化，这样，就在不同的企业家精神和气质下产生了各具特色的经济发展态势。另外，不同的地域文化还会造就不同的群体以及群体的个性特征。所以，农机产业集群的形成和发展必然深受地域文化的影响，地域根植性也必然是农机产业集群形成和发展的隐性基础。

3.2.3　企业家精神

企业家精神是一个不可或缺的因素。具有同等自然条件、运输条件和规模经济的两个地区能否形成产业集群，关键在于该地区是否拥有具有企业家精神的领导人。领导人具有的企业家精神是最先进入该行业的企业能够吸引其他产业企业和相关企业在其周围聚集的决定性因素。相比其他制造业，农机产业整体利润水平较低，选择从事农机作为事业发展方向的企业家必须热爱农机事业，具备艰苦奋斗的精神。

伴随产业集群的形成，丰富的创业机会也蜂拥而至，因此，产业集群形成的过程也是企业家集聚的过程，在此产业集群中的企业家更易捕捉市场机会，在发现现有产品和服务存在空白的利己市场后，易受启发创立新企业。集群内部的企业之间的相互联系是集群发展的重要动力，通过相互联系，集群内的企业间能共同分享信息、技术、市场和劳动力等各种资源，形成相关企业间既相互竞争又相互合作的关系，从而形成了具备自组织功能的企业网络。企业网络的建立，一般需要相关企业家在进行面对面的接触和交流的基础上，经过重复博弈，开展多次合作，并能形成一些相关的、不成文的规则和惯例。因此，农机产业集群的发展、演化与具有自组织特征的企业家网络自身的不断自主创新和模仿创新是密不可分的。

总而言之，只有当某个区域内拥有了丰富的企业家精神，才能创造出较好的创业环境，提供较多的创业机会，再加上创新企业家及其创业活动的带动作用，集群才能在这个区域形成。创新来自对市场机会的识别、选择和对技术的敏感，在创新活动中企业家的胆识和魄力起着关键性的作用。这些具有创新精神和能力的企业家之所以能促进集群的形成主要是因为企业家的创新活动能营造有利于相关集群发展的各种社会情境因素。

3.2.4　政府的制度供给

从其他国家的产业集群发展的过程来看，其形成并非政府规划的结果，而是市场发挥作用的结果。作为公共管理者，政府通过协调企业间的关系来保证产业集群持续发展。政府不直接参与产业集群中的相关公共机构以及企业的管理，而是致力于为所有企业创造公平竞争和创新的社会环境，提供促成集群内各企业与相关公共机构的联系、沟通机制，以此来提高企业间合作的效率。

由于市场的不完全性，政府的制度供给可发挥两方面的作用，一是阻止因企业联盟导致的垄断和竞争度下降，二是经济的外部性和分担社会成本。政府的制度供给不仅能积极地推动经济主体在企业之间分享专有技术并以此获取持续不断创新的能力，也能给产业集群中基础设施和公共服务平台的设立以支持。

中央财政积极引导与鼓励农业机械化和农机工业的持续性发展，措施包括对购买农业机械的农民进行补贴，这可以很好地促进农民购买农机具的积极性，并进一步扩大了农机生产企业的市场空间。政府制定的购机补贴政策，促进了我国稻麦玉米联合收割机、大型拖拉机以及环保抗灾型农机具等农机产品的快速发展，进而激励农机企业的科技和技术改造投入，提高了我国农机产品技术水平。地方政府可以通过采取一些优惠政策吸引外资，通过提供丰富的劳动力资源、土地和厂房建立开发区，形成一批以跨国公司和外资企业带头的产业集群。

3.2.5 农机公共服务机构的作用

公共服务机构以服务平台的形式为集群内提供具有公共产品特征的共性需求服务。产业集群的公共服务平台包括为集群不同领域提供服务的多种机构和组织。平台中既包括为产业集群提供技术创新和解决方案的共性技术中心，又包括市场开拓和营销渠道的专业市场，以及产品质检中心等。这些机构和组织为专注于集群服务的不同方面，彼此之间分工明确，配合默契，形成一个全面专业化的服务体系，为集群的发展提供了有效支撑。

农机产业集群公共服务平台对于集群的支持旨在提升产业集群的核心竞争力，促进专业化分工，增强集群的创新能力，提高农机产业集群内部企业之间的整体协调。表3-1中列出了农机公共服务机构及其职责范围，这些机构对农机产业集群的影响主要从三方面来体现：一是农机企业之间有了沟通和协作的交流平台；二是农机企业与政府之间有了沟通平台，当行业发展遇到问题或出现新发展方向时，这些机构可以改变单一企业的弱势地位，使得农机行业与政府间可以进行对话；三是可以组织农机企业联合对抗市场风险，如共同面对外汇波动、价格波动、补贴波动等不确定性风险。

表 3 - 1　　　　　　　　　　我国农机公共服务机构及机构职责

机构类型	机构职责
农业机械管理局	贯彻执行国家农业机械化的方针、政策和法律、法规、规章;负责农机维修的行业管理、农机作业质量及收费的监督管理;制订农机作业技术规范
农业机械试验鉴定机构	承担农机产品试验鉴定、质量检验、信息采集等工作,考察农机鉴定机构的资质、仪器设备、质量体系、人员素质等
农机技术推广服务机构	提出重点农业机械化推广项目方案;承担农机化科技成果转化工作;起草农机化生产、设施农业的技术建议;组织开展农机化新技术、新机具的示范与推广,提供县城和乡镇两级科技公共服务
农机监理机构	负责农机安全生产监督与管理,开展农机安全生产宣传与教育
农机化技术教育培训机构	农机教育培训和职业技能鉴定
农业机械流通协会	制定农机流通行业规划、行业标准、现代农机流通体系构建、现代农机流通方式研究;开展全行业优质服务活动以及举办全国性农机展览、新产品新技术推广、农机交易市场规划建设、信息咨询与数据统计、农机市场景气指数发布、行业信用体系建设、流通人才培训、国际交流与合作等
农业机械化协会	开展农机产品、作业、维修和服务质量的评价;组织行业内外调研、行业技术培训和专业技能教育;宣传有关方针政策和新技术成果;根据需要举办技术展览展示活动,组织农机演示活动;参与行业标准的制定、修订工作;开展国际技术交流与合作等
农机服务中心	制定行业发展规划;审批出售、转让补贴资金购买的农机,核发审验农机修理行业的技术等级证书,核发审验农机销售行业的资格证书;审核农机改装动力机械安全系统,核发核审农机号牌和证件;农机法规政策解释
中国农机服务网	整合纸媒体、网络媒体、手机媒体、应用工具、市场活动、市场研究及视频媒体等服务形式,并结合农机生产企业、农机经销商、农机合作社等群体的现实需求,为企业打造市场营销服务方案

3.3　我国农机产业集群形成影响因素识别与评价

产业集群的形成是多种因素相互作用的结果。历史的偶然因素和区域自身的特殊因素促使产业集群的起源,在产业集群不断发展的过程中,累积因果效应能使此产业集群区域获得竞争优势，就可以不断吸引新的相关企业加入，也就形成了产业集群的雏形。黄任群（2006）认为不同的产业集群有不同的影响因素，比如高技术产业集群对该地区是否有相应的培训机构和具备吸引所需的人才的条件（如户籍、生活成本、再学习成本等）要求较高；而传统产业集群对劳动力需求的门槛更低，只需足够的劳动力保障就可以促使集群内的企业生存，集群对基础性资源依赖较高，集群内低的社会保障体系需求、高密度的企业集中、高的劳动强度、低收入水平等都对传统产业集群产生较大影响；而农机产业集群则属于资本与一般技术相结合的集群，需要大量有一定劳动技能的工人，这就需要有良好的用工机制、聘用机制，需要较为灵活的用工政策，需要较为发达的交通。本节通过对上文形成条件的梳理，从生产要素、创新要素、政策要素、市场要素、区位要素、行业要素的视角建立影响因素指标体系，用因子分析法对影响产业集群形成的各种因素的影响程度进行评测，并为探索我国农机产业集群可持续发展的动力因素提供依据。

3.3.1 农机产业集群形成影响因素识别框图

国内目前对农机行业发展的文献不少，但对于农机产业集群的研究则凤毛麟角。由于产业特征各有不同，影响产业集群形成的因素也就因产业不同而各不相同，影响因素的重要性也会有所差别。因农机产业集群相关数据不易直接获得，本节对前人研究进行了归纳总结，在产业集群形成的各种影响因素中选取了具有广泛代表性的制造业集群的形成影响因素，结合农机行业发展的实际情况分析影响集群形成的因素，由于农机产业集群形成问题是一个全新的研究视角，因此，在这里只是构建一个初步框图（见图 3 - 2），在后面的讨论中，还将深入分析其中各影响因素的关系，对其进行修正和完善。

下面对框图中的影响因素进行如下解释。

农机资源禀赋：指区域内制造业发展水平，好的制造业发展水平可促进农机产业集群的形成和发展。

农机产业优惠政策：国家对农机产业的优惠政策，如企业税收减免、国家对企业的财政补贴、农机购置补贴等。

产业资本：农机产业是隶属于制造业，属于资本密集型产业，需要投入较多资本到本行业，因此，集群更容易选择资本密集的区域。

人力资源：指具有劳动能力并符合集群要求的劳动者的素质和数量，这些劳动者不仅包括企业的高级技术人才、高级财务人才、高级管理人才，还包括

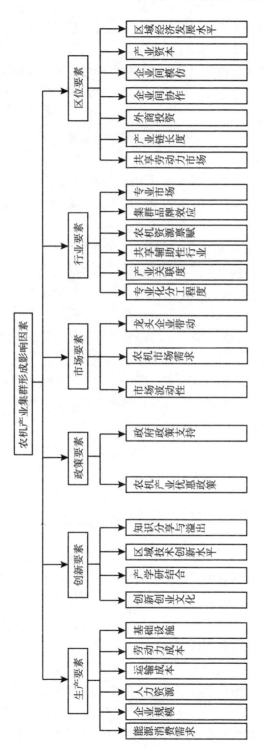

图3-2 农机产业集群形成影响因素

普通劳动力资源，农机产业正向现代化、智能化、信息化方向发展，集群发展离不开农机专业技术人才。

基础设施：包括集群内生产活动相关的基础建设和社会性服务设施，如水电气、商业、交通通信、信息、科研与技术、体育卫生、园林绿化、邮政电信、文化教育等。

产业链长度：农机产业链越长，其延展的潜力就越大，分工合作也更容易。

专业化分工程度：分工程度对交易网络影响较大，分工越细则交易网络形成越快，交易成本会增加，产业更容易形成集群以减少交易成本。

市场波动性：农机企业为降低市场波动风险，就会集聚在一起，形成产业集群，对市场情况的变动越敏感，就越可能形成产业集群。

农机市场需求：农机市场需求水平越高，越容易形成产业集聚。

产业关联度：农机产业通过前后向联系利于农机产品在生产条件、最终用途和销售渠道等方面产生关联，从而提高产业竞争力。

企业规模：指企业的固定资产、产品生产等方面的集中程度。规模大的企业能带来更明显的规模经济。

创新创业文化：创新创业文化具有凝聚、导向、激励及协调的作用。农机现代化需要技术创新，要有创新就需要浓厚的创新氛围，以此，农机产业集群会倾向于在有创新创业文化氛围的区域产生。

区域技术创新水平：有农机技术基础的地区易形成农机产业集群。

区域经济发展水平：区域经济发展比较好的地区更利于农机产业集群的形成。

能源消费需求：农机生产过程中的能源消费需求越高，发展农机产业集群就越迫切。

产学研合作：企业在产学研合作中提供市场渠道，可以为高校和科研院所提供人力、资金和市场信息等；高校、科研院所又为企业提供知识、人才和技术等。

共享辅助性行业：集聚之所以产生，是因为可以共享专业化的供应商、共享研发平台、信息咨询等辅助性资源。

共享劳动力市场：农机企业会因为共享劳动力市场而集聚到一起。

知识分享与溢出：农机企业因面对面的交流更容易获取经验类知识而集聚在一起。

龙头企业带动：指核心企业在开拓市场、科技创新、带动农户和促进区域经济发展等方面的带头示范和引领作用。

企业间模仿：是企业在技术能力较弱时的生存方式。趋同性模仿促使形成企业集群，效率性模仿使企业学习和成长的成本降低，而合法性模仿使模仿行为合理存在。

运输成本：一个好的物流体系可以使产业更容易在交通便利、运输成本低的地方形成集群。

专业市场：包括定期召开农机博览会、供销会等专业销售推广会议，其优势是能够降低商品交易的费用。

政府政策支持：地方政府对集群服务体系的扶持和发展环境的营造等。

集群的品牌效应：即集群的知名度，包括产品是否有国家地理标志，是否是国家级、省级或市级名牌产品，是否具有很大的市场占有率。

3.3.2　农机产业集群形成影响因素评价

为更好地结合我国农机产业的发展现状和具体特征进行研究，本书采用因子分析法来对影响因素进行评价。

1. 评价方法

（1）数据收集方法。本书在收集相关数据时，采用了问卷调查方法。李克特量表级数的选择非常重要，量表的级数越多，问卷信度也就越高。但当级数大于级之后，被调查者会不易区分选项，所以，级量表在大多数情况下是最常用、最可靠的。本次调查采用李克特量表法，问卷用数字表示各因素的重要程度，1～5分别代表"不重要""不大重要""重要""较重要""很重要"。

（2）因子分析法。探索性因子分析是指事先不知晓有哪些影响因素，然后通过对数据进行因子分析来确定因子的维数；而验证性因子分析则是利用已有的理论，加上前人的经验知识先作假设，再通过因子分析来验证假设的合理性。农机产业集群形成原因的探索还是一个崭新的研究领域，没有现成的理论和经验作参考，因而本节采用探索性因子分析法。用因子分析法来识别影响农机产业集群形成的因素，也就是用最少的因子来反映因素的重要性程度。

2. 评价程序

根据上一节的影响因素框架图，首先，设计调查问卷初稿，选择多位来自农机企业、农机行业协会的专家进行访谈和咨询，再修正问卷内容。其次，将问卷录入问卷星网站，采取分层抽样的方式，将问卷链接通过微信、QQ、电子邮件等媒介推送给农机企业的相关人员、农机流通协会等中介机构和政府部门工作人员进行数据收集。最后，用因子分析对问卷进行分析处理。

3. 因子分析法的步骤

（1）对原始指标进行标准化。为了得到更为客观的结果，需对量纲不同的数据进行标准化处理，以便使这些数据成为均值为0、标准差为1的无量纲数据。本书的所有数据量纲相同，所以可直接进行后续相关分析。

（2）求样本相关系数矩阵并检验。设 r_{np} 为指标 n 与 p 的相关系数，则：

$$R = \begin{bmatrix} r_{11} & r_{12} & \cdots & r_{1p} \\ r_{21} & r_{22} & \cdots & r_{2p} \\ \cdots & \cdots & \cdots & \cdots \\ r_{n1} & r_{n2} & \cdots & r_{np} \end{bmatrix} \tag{3.1}$$

对变量做 KMO 检验和 Bartlett 检验，以验证数据是不是适合进行因子分析。

（3）求相关系数矩阵 R 的相关值。求特征方程 $|R - \lambda_i| = 0$ 的 p 个非负特征值，其中，$\lambda_1 \geqslant \lambda_2 \geqslant \lambda_3 \geqslant \cdots \geqslant \lambda_p \geqslant 0$，与此对应的特征向量是 Y_1，Y_2，Y_3，$\cdots$，Y_p，它们标准正交。

公共因子的权重系数是指第 i 个公因子能解释原始数据信息的比重：

$$\rho_i = \frac{\lambda_i}{\sum \lambda_i} \tag{3.2}$$

根据方差大于1提取贡献较大的因子，因子累计贡献率需达到80%左右。

（4）因子载荷矩阵。公共因子的线性组合系数构成载荷矩阵

$$A = \begin{bmatrix} Y_{11}\sqrt{\lambda_1} & Y_{12}\sqrt{\lambda_2} & \cdots & Y_{1p}\sqrt{\lambda_p} \\ Y_{21}\sqrt{\lambda_1} & Y_{22}\sqrt{\lambda_2} & \cdots & Y_{2p}\sqrt{\lambda_p} \\ \cdots & \cdots & \cdots & \cdots \\ Y_{n1}\sqrt{\lambda_1} & Y_{n2}\sqrt{\lambda_1} & \cdots & Y_{np}\sqrt{\lambda_1} \end{bmatrix} \tag{3.3}$$

用 n 个公因子表示原有 p 个变量，并表示成矩阵形式：

$$X = A \cdot Y + \varepsilon \tag{3.4}$$

Y 为前 n 个公共因子；A 为因子载荷矩阵；ε 为特殊因子，表示原有变量不能被公因子解释的部分。

（5）因子得分的计算。通过计算因子得分得到因子变量，再用因子变量

代替原有数量建模。本书选用回归法计算因子得分。

（6）主因子函数。

$$G = \rho_1 Y_1 + \rho_2 Y_2 + \cdots + \rho_n Y_n \qquad\qquad (3.5)$$

其中 ρ_i 为方差贡献率。

3.4　实　证　分　析

3.4.1　问卷设计

问卷内容包括以下三方面。

第一，本调查研究的意义。调查问卷先对本调查研究的意义进行了简要描述，使被调查者能在较短时间内了解调查的目的。设计本调查问卷的目的就是通过实证来分析影响农机产业集群形成的因素，找出关键因素。

第二，概念界定。为了避免被调查者对概念理解产生偏差，在问卷调查第一部分对产业集群和农机产业集群的概念进行了界定。

第三，题项设计。题项共四个部分：一是对被调查者的基本情况的调查，主要是被调查者基本工作信息；二是设计判断式提问，即通过对农机产业是否应集群发展、农机产业集群内各主体之间的交流合作程度、我国农机产业的集聚程度、显性知识和隐性知识对农机产业创新发展的作用程度等问题的回答来获得被调查者的看法；三是设计影响农机产业集群形成的因素的具体问题，根据题干中对影响因素的解释，请被调查者对每个因素的作用打分；四是开放式问题，为避免重要问题遗漏，设计了一个开放题，请被调查者补充填写其他可能的影响因素。

本问卷是在文献整理基础上结合农机产业特征推理而形成的农机产业集群影响因素调查，先邀请了产业集群、知识管理方面的教授进行问卷的逻辑性把关，接着邀请了 10 名研究方向为农村发展、产业经济等方向的博士进行问卷测试，以考察问卷的语言是否通俗易懂，问卷填写所花费的时间是否适宜，选项是否合理等，在此基础上对问卷进行了修正。问卷调查共 40 个问题，关于专家基本情况的问题 7 个，关于对总体情况进行把握的问题 4 个，对影响因素进行判断的题 28 个，开放题 1 个，问卷选择网络调查方式进行，使用手机微信答题需要 10 分钟左右。

3.4.2 样本选择与回收

因研究的问题是农机产业集群形成的影响因素，故选择的被调查者都是农机产业相关的中高级管理人员和研究人员。此外，为保证问卷调查具有代表性和可靠性，被调查者尽可能覆盖政府部门、农机企业、高等学校、研究单位和行业协会等多个层面，希望获得相对全面客观的评价和判断。基于问卷星网站平台，对中国农业机械研究院、中国农业大学校友、中国农业机械工业协会、中国农业机械流通协会和农机企业等多个渠道发放问卷。问卷调查涵盖专家基本情况、专家对总体情况进行把握、专家对影响因素的判断三个部分的内容，回收有效问卷196份。

3.4.3 数据处理

1. 样本描述

本部分从被调查者的基本信息对回收的196份有效问卷进行统计，分析如下：

（1）被调查者的单位所在地。问卷调查涉及北京、山东、江苏、河北、河南等省份（见图3-3）。根据相关资料，山东、河南、浙江、江苏等省份是农机产业最发达的地区，因此，本问卷涉及的地区具有很强的代表性。

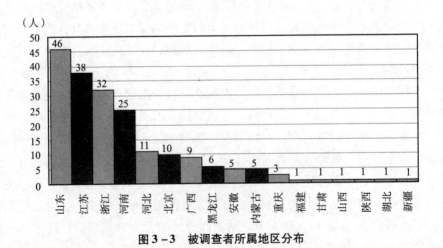

图3-3 被调查者所属地区分布

（2）被调查者的单位性质。如图 3 – 4 所示，调查中，参与答卷的被调查者中农机企业的人员最多，占 47.06%，来源于政府部门的专家占比 10.29%，来源于高校或科研院所的专家占 27.94%，来源于行业协会或中介组织的占 5.15%，其他还有一些来自农机企业的供应商（如橡胶企业）和农机鉴定站等服务部门。单位结构已基本覆盖产学研多个层面，可保证问卷的代表性和可靠性。

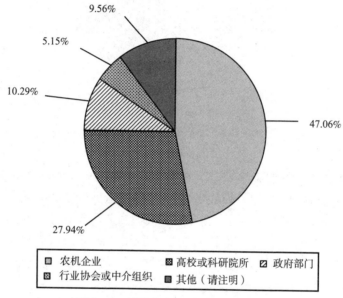

图 3 – 4　被调查者所在单位性质分布

问卷涉及的专家中具有中高级职务的占 64.28%，具有中高级职称的占 69.39%，这些人都具有丰富的经验和学识，能对问题进行较为专业的判断。虽然还有 30% 左右的被调查者为初级管理人员，是初级职称，但这些人员大多数来自相关领域的一线人员，对农机行业的相关问题比较熟悉，对他们进行问卷调查也具有较高代表性。

（3）被调查者的工作年限。调查问卷共涉及 196 名专家，其中从事农机相关工作或研究的时间达 10 年以上的人占到 33.09%，工作 6 ~ 10 年的占 26.47%，工作年限在 4 ~ 5 年的占 14.71%，工作年限在 1 ~ 3 年的占 17.65%（见图 3 – 5）。因此，可以认为，被调查者大部分长期从事农机产业相关工作或研究，可以对农机行业进行较为准确的综合判断。

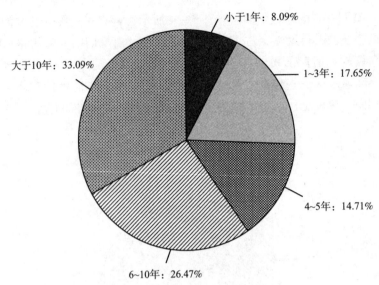

图3-5 被调查者工作年限情况

(4) 被调查者的业务领域。问卷涉及多个农机行业,拖拉机制造、机械化农业及园艺机具制造、营林及木竹采伐机械制造、畜牧机械制造、渔业机械制造、农林牧渔机械配件制造、棉花加工机械制造及其他农、林、牧、渔业机械制造等产业领域,其中,拖拉机制造、机械化农业及园艺机具制造和农、林、牧、渔机械配件制造共占81.54%,这与当前农机产业发展现状比较一致。从产业链的角度看,本次问卷涉及农机技术研发、农机装备制造(即生产农机产品的设备)、农机原材料与零部件生产、农机产品生产、农机产品销售、农机检验等各个环节,因此,可以得到产业链各环节对影响因素的观点。

我国农机产业集群处于起步阶段,理论研究稍显不足,本次调查共回收有效问卷196份,近似满足统计学意义上的大样本研究要求(一般是200份)。与此同时,通过上述对被调查者基本情况的多方面描述,可以认为现有问卷较有代表性,能对农机产业集群形成的影响因素进行分析评判,能保证问卷的效度和信度。

2. 描述性统计分析

本书使用SPSS 22.0对调查问卷进行统计分析,结果见表3-2。对表3-2中的影响因素进行筛选的过程如下:首先,确定筛选标准。均值越大,表明这个因素越重要,而方差越大,数据的离散程度越大。本问卷调查的总体均值是3.65,方差的均值是0.846。因此,筛选标准可以确定为,均值大于3.65,同时，方差应小于 0.846。其次，根据标准进行选择。表 3－2 中均值大于 3.65 的有 17 个因素，方差小于 0.846 的有 14 个因素，有 10 个因素能同时满足这两个条件。其中，专业化分工程度、农机市场需求、专业市场、产业链长度、产业资本、共享辅助性行业、产学研结合、基础设施和运输成本都只满足了筛选条件的其中一个，要对其进行取舍。再次，只满足一个条件的还有 8 个因素。"能源消费需求"满足方差条件，且方差较小，仅排名第 9 位，均值 3.61 仅略低于平均值 3.65，考虑到"能源消费需求"比较重要，因此暂时予以保留。区域经济发展水平、专业化分工程度、农机市场需求、专业市场、产业链长度、基础设施和运输成本这 7 个影响因素的均值全都大于 3.65，说明这些因素在农机产业集群形成过程中发挥着重要作用，而方差都较大，说明专家们意见比较分散，需要进一步讨论，暂时予以保留。最后，综合考虑，保留了表 3－3 中的 18 个影响因素。

表 3－2　　　　　　　　　　　问卷描述性统计结果

序号	影响因素	均值（按从大到小排序）	序号	影响因素	方差（按从小到大排序）
1	政府政策支持	4.10	1	产业资本	0.599
2	人力资源	3.97	2	创新创业文化	0.626
3	集群的品牌效应	3.97	3	企业间协作	0.655
4	农机产业优惠政策	3.88	4	集群的品牌效应	0.673
5	龙头企业带动	3.87	5	共享辅助性行业	0.732
6	专业化分工程度	3.86	6	企业规模	0.736
7	农机市场需求	3.82	7	区域技术创新水平	0.736
8	区域技术创新水平	3.82	8	产业关联度	0.743
9	专业市场	3.82	9	能源消费需求	0.747
10	企业间协作	3.79	10	政府政策支持	0.775
11	产业链长度	3.78	11	龙头企业带动	0.790
12	产业关联度	3.78	12	人力资源	0.802
13	创新创业文化	3.78	13	产学研结合	0.840
14	企业规模	3.73	14	农机产业优惠政策	0.845
15	基础设施	3.69	15	专业市场	0.853
16	区域经济发展水平	3.68	16	基础设施	0.857

续表

序号	影响因素	均值（按从大到小排序）	序号	影响因素	方差（按从小到大排序）
17	运输成本	3.67	17	运输成本	0.865
18	能源消费需求	3.61	18	区域经济发展水平	0.884
19	企业间模仿	3.59	19	专业化分工程度	0.898
20	市场波动性	3.58	20	产业链长度	0.937
21	共享辅助性行业	3.58	21	市场波动性	0.940
22	产业资本	3.57	22	外商投资	0.950
23	产学研结合	3.55	23	知识分享与溢出	0.977
24	农机资源禀赋	3.32	24	企业间模仿	0.978
25	知识分享与溢出	3.27	25	农机市场需求	0.998
26	外商投资	3.19	26	共享劳动力市场	1.003
27	劳动力成本	3.15	27	劳动力成本	1.071
28	共享劳动力市场	2.94	28	农机资源禀赋	1.182

资料来源：根据问卷调查计算而得。

表 3 - 3　　　　　　　我国农机产业集群影响因素

排序	影响因素	均值	方差
1	政府政策支持	4.10	0.775
2	集群的品牌效应	3.97	0.673
3	人力资源	3.97	0.802
4	农机产业优惠政策	3.88	0.845
5	龙头企业带动	3.87	0.790
6	专业化分工程度	3.86	0.898
7	农机市场需求	3.82	0.998
8	区域技术创新水平	3.82	0.736
9	专业市场	3.82	0.853
10	企业间协作	3.79	0.655
11	产业关联度	3.78	0.743
12	产业链长度	3.78	0.937
13	创新创业文化	3.78	0.626
14	企业规模	3.73	0.736
15	基础设施	3.69	0.857

续表

排序	影响因素	均值	方差
16	区域经济发展水平	3.68	0.884
17	运输成本	3.67	0.865
18	能源消费需求	3.61	0.747

资料来源：根据问卷调查计算而得。

在问卷中，被调查者对前面判断式问题给出分值的描述性统计结果如下：

针对问题一："您是否赞同农机产业走集群发展模式？"被调查者给出的评分的均值为 3.91，可以得知被调查者大多认为"农机产业应走产业集群发展模式"，但因为方差等于 0.953，值较大，说明部分被调查者认为"农机产业不应走产业集群发展模式"。

针对问题二："您所在的农机行业或研究领域当前的产业集聚程度如何？"被调查者评分的均值是 2.74，说明大部分被调查者认为农机产业集群集聚程度不高，方差为 1.272，也比较大，说明部分行业的产业集聚度比较明显。

针对问题三："您所在的农机产业或研究领域与当前企业、高校或科研机构、中介组织之间的交流合作程度如何？"受访专家的评分均值为 2.95，说明大部分专家认为农机产业集群相关行为主体之间的合作交流程度还不够高。

3. 因子分析的条件检验

KMO（Kaisex - Meyer - Olkin）测度用于比较变量间的偏相关性，取值在 0~1 之间。通常认为，KMO 取值大于 0.7 时是适合的。表 3-4 是利用 SPSS 22.0 软件分析得到的 KMO 检验值、卡方值 1341.945，KMO 值 0.863，显著性水平为 0.000，小于 1%，这说明因素之间可进行因子分析。

表 3-4　　　　　　　　　KMO 检验和 Bartlett 检验数值

变量间偏相关性的 KMO 统计值		0.863
Bartlett's 球形检验	近似卡方值	1341.945
	自由度	153
	显著性水平	0.000

资料来源：根据问卷调查计算而得。

4. 因子提取

运用主成分分析法对上面选出的 18 个因素（变量）进行因子分析，遵循因子分析的三个基本原则：一是因子载荷最好大于 0.4，最理想的情况是大于 0.5；二是特征值一般大于 1；三是累计方差贡献率一般大于 0.6，亦可放宽至 0.55。本书共提取 5 个新的公因子，采用方差极大化因子旋转，得到影响因素因子载荷矩阵如表 3 - 5 所示，总解释度为 62.646% （见表 3 - 6），5 个因子基本包含了问卷数据的信息。

表 3 - 5　　　　　　　　　旋转后的因子载荷矩阵

影响因素	成分				
	1	2	3	4	5
政府政策支持	0.741	0.051	0.075	0.282	0.205
企业规模	0.700	0.265	0.197	0.004	-0.074
龙头企业带动	0.655	0.384	-0.110	-0.021	0.019
专业市场	0.631	0.132	0.063	0.143	0.395
集群的品牌效应	0.586	0.351	0.006	0.344	0.336
运输成本	0.574	0.431	0.159	-0.021	0.027
创新创业文化	0.094	0.753	0.113	0.251	0.088
区域经济发展水平	0.149	0.748	0.184	-0.044	0.211
区域技术创新水平	0.304	0.705	-0.040	0.239	0.233
能源消费需求	0.381	0.596	0.071	-0.361	0.115
农机市场需求	0.500	0.544	0.089	0.065	-0.356
人力资源	0.152	0.040	0.760	0.038	0.166
基础设施	-0.067	0.305	0.687	0.148	-0.006
农机产业优惠政策	0.463	-0.218	0.465	-0.020	0.046
专业化分工程度	0.108	0.059	0.130	0.820	-0.067
产业关联度	0.396	0.364	0.049	0.467	0.235
产业链长度	0.067	0.175	0.195	-0.068	0.694
企业间协作	0.374	0.499	-0.066	0.160	0.506

资料来源：根据问卷调查计算而得。

表 3 - 6　　　　　　　　　　　特征值和贡献率、累计贡献率

成分	初始特征值			旋转因子载荷的平方和			旋转后因子载荷的平方和		
	特征值	占方差的百分数（%）	累积值（%）	特征值	占方差的百分数（%）	累积值（%）	特征值	占方差的百分数（%）	累积值（%）
1	6.398	35.543	35.543	6.398	35.543	35.543	3.611	20.064	20.064
2	1.431	7.948	43.492	1.431	7.948	43.492	3.378	18.767	38.831
3	1.276	7.090	50.581	1.276	7.090	50.581	1.476	8.198	47.028
4	1.161	6.451	57.033	1.161	6.451	57.033	1.420	7.891	54.920
5	1.010	5.613	62.646	1.010	5.613	62.646	1.391	7.726	62.646
6	0.892	4.954	67.600						
7	0.781	4.338	71.937						
8	0.710	3.943	75.880						
9	0.692	3.847	79.728						
10	0.685	3.805	83.533						
11	0.536	2.977	86.509						
12	0.523	2.903	89.412						
13	0.428	2.376	91.788						
14	0.410	2.276	94.065						
15	0.351	1.952	96.017						
16	0.270	1.501	97.517						
17	0.244	1.355	98.872						
18	0.203	1.128	100.000						

资料来源：根据问卷调查计算而得。

5. 因子得分模型及评价结果

按照载荷值要大于 0.4 的标准，根据表 3 - 6 整理出 5 个公共因子，然后再根据各个公共因子包含因素对其命名，如表 3 - 7 所示。运用统计软件 SPSS 22.0 中回归分析法得到因子得分系数矩阵见表 3 - 8。

表 3 – 7 影响因子与影响因素对应情况

序号	因子名称	因素名称
1	F_1 集群辐射效应因子	政府政策支持
		企业规模
		龙头企业带动
		专业市场
		集群的品牌效应
		运输成本
2	F_2 创新环境因子	创新创业文化
		区域经济发展水平
		区域技术创新水平
		能源消费需求
		农机市场需求
3	F_3 区位环境因子	人力资源
		基础设施
		农机产业优惠政策
4	F_4 产业要素因子	专业化分工程度
		产业关联度
5	F_5 行业合作因子	产业链长度
		企业间协作

资料来源：根据问卷调查计算而得。

表 3 – 8 因子得分矩阵

影响因素	成分				
	1	2	3	4	5
政府政策支持	0.288	− 0.201	− 0.037	0.120	0.066
集群的品牌效应	0.121	− 0.031	− 0.100	0.169	0.163
人力资源	− 0.025	− 0.073	0.545	− 0.042	0.077
农机产业优惠政策	0.239	− 0.247	0.317	− 0.090	− 0.012
龙头企业带动	0.240	0.036	− 0.155	− 0.109	− 0.110
专业化分工程度	− 0.063	− 0.030	0.047	0.651	− 0.150
农机市场需求	0.143	0.196	0.021	− 0.012	− 0.477

续表

影响因素	成分				
	1	2	3	4	5
区域技术创新水平	− 0.076	0.238	− 0.112	0.112	0.062
专业市场	0.209	− 0.154	− 0.045	0.003	0.253
企业间协作	− 0.013	0.083	− 0.143	0.030	0.343
产业关联度	0.017	0.029	− 0.051	0.297	0.080
产业链长度	− 0.104	− 0.032	0.093	− 0.131	0.599
创新创业文化	− 0.189	0.328	0.028	0.147	− 0.063
企业规模	0.273	− 0.035	0.082	− 0.099	− 0.206
基础设施	− 0.184	0.137	0.503	0.079	− 0.096
区域经济发展水平	− 0.146	0.305	0.085	− 0.112	0.061
运输成本	0.164	0.067	0.053	− 0.116	− 0.116
能源消费需求	0.066	0.204	0.009	− 0.380	− 0.005

资料来源：根据问卷调查计算而得。

将影响因素"政府政策支持""集群的品牌效应""人力资源"……"能源消费需求"等依次设为因变量 X_1，X_2，X_3，…，X_{18}，由表 3 - 8 进行因子得分矩阵表分析，得到因子得分模型：

$$F_1 = 0.288X_1 + 0.201X_2 - 0.025X_3 + \cdots + 0.066X_{18}$$
$$F_2 = -0.201X_1 - 0.031X_2 - 0.073X_3 + \cdots + 0.204X_{18}$$
$$F_3 = -0.037X_1 - 0.100X_2 + 0.545X_3 + \cdots + 0.009X_{18}$$
$$F_4 = 0.120X_1 + 0.169X_2 - 0.042X_3 + \cdots - 0.380X_{18}$$
$$F_5 = 0.066X_1 + 0.163X_2 + 0.077X_3 + \cdots - 0.005X_{18}$$

根据因子得分模型，计算样本数据的因子得分如表 3 - 9 所示。

表 3 - 9　　　　　　　　农机产业集群影响因子均值

序号	因子	均值
1	F_1 集群辐射效应因子	3.7788
2	F_2 创新环境因子	2.9206
3	F_3 区位环境因子	4.3313

续表

序号	因子	均值
4	F_4 产业要素因子	2.1409
5	F_5 行业合作因子	1.8398

资料来源：根据问卷调查计算而得。

6. 评价结果分析

（1）因子方差贡献度。表 3 - 6 中的第一组数据为初始因子解，从第二列数据中可以看出：集群辐射效应因子特征根为 6.398，可以诠释 18 个变量总方差的 35.543%；创新环境因子的特征根为 1.431，诠释 18 个变量总方差的 7.948%，累计方差贡献比率为 43.492%。第三组数据为旋转因子中累计方差贡献比率为 62.646%，原有变量的共同度未发生改变，各个因子可以被重新分配，用来解释变量方差。

由图 3 - 6 的碎石图得出，集群辐射效应因子对解释原变量的贡献度最大，因为其特征根最高。特征值呈现较大程度的下降趋势，前 5 个特征值对解释变量贡献比较显著。之后的因子特征根均小于 1，对解释变量的贡献趋弱，可以忽略。在此基础上，本书选定前 5 个影响因子。

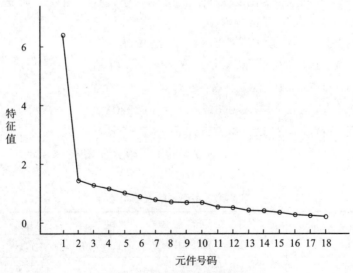

图 3 - 6 影响因子的碎石图

（2）因子得分分析。分析表 3 - 9 得知，影响农机产业集群形成的所有因素中，得分在 2.0 以上的因子分别是 F_3 区位环境因子、F_1 集群辐射效应因子、F_2 创新环境因子，F_4 产业要素因子，而 F_5 行业合作因子得分较低，在 2.0 以下。

7. 调查问卷信度检验和效度检验

（1）信度检验。问卷测量结果的内部一致性程度称作信度。Cronbach 一致性系数（α 系数）是分析信度比较经典的系数，因此本书采用该系数进行分析。通常，当 α 系数大于 0.8 时，认为此因子有相同或相似的指标特性，α 系数值在 0.7 以上认为可信，在进行问卷设计时，对影响因素进行了详细划分，对农机产业集群中可能的影响因素表现形式进行了罗列，以减少由于单一维度造成的评价误差变异。本书通过 SPSS 22.0 得出的上述 5 个主因子的 α 系数值分别为 0.840、0.806、0.759、0.736、0.723。因此，本问卷调查的信度达到了可接受水平，且内部结构较好。

（2）效度检验。如果因子之间的相关系数小于对应的 α 系数值，则认为量表具有区别效度。根据数据处理结果，农机产业集群形成影响因素各因子间的相关系数见表 3 - 10 所示，满足区别效度的标准，因此，调查问卷满足区别效度的要求。

表 3 - 10　各因子间的相关系数

成分	F_1 集群辐射效应因子	F_2 创新环境因子	F_3 区位环境因子	F_4 产业要素因子	F_5 行业合作因子
F_1 集群辐射效应因子	1.000	0.000	0.000	0.000	0.000
F_2 创新环境因子	0.000	1.000	0.000	0.000	0.000
F_3 区位环境因子	0.000	0.000	1.000	0.000	0.000
F_4 产业要素因子	0.000	0.000	0.000	1.000	0.000
F_5 行业合作因子	0.000	0.000	0.000	0.000	1.000

综上所述，本书对调查问卷进行分析得到的结论是可靠和有效的，因此可以接受相关结论。

8. 结论

综上所述，可以看出各因子在农机产业集群形成过程中的影响有以下五方面。

一是"区位环境因子",得分为 4.3313,由"人力资源""基础设施"和"农机产业优惠政策"3 个因素组成。丰富的人力资源条件是集群形成的根本,完善的基础设施配套是集群集聚和成长的重要保障。这个因子的得分最高,说明企业和相关部门对农机产业集群内人力资源、农机产业优惠政策以及基础设施配套的重视程度较好,区位差异对农机产业集群形成有重要影响。新经济地理理论认为,人的知识和能力等人力资本的提高对经济增长的贡献高于物质资本和劳动力数量的增加对经济的贡献。农机生产中"人力资源"因素是重要因素,农机企业往往把经营活动选择在能保证大量熟练工人供应的区域,只有高素质的人力资本才能迅速掌握农机技术,从而降低农机产品的生产成本,提高劳动生产率,为区域内的产业集群创造效益。区域内的交通和电信等基础设施的建设,是农机产业集群对外进行物质、人员和信息交流的桥梁。交通技术的完善可以节约农机生产资料和农机产品在转移过程中的成本,为集群中相关联产业的布局创造条件。正因为农业的重要地位,"农机产业优惠政策"的实施对农机产业的发展产生了非常重要的影响,在调查中毫无疑问地被认为是集群形成的重要因素。

二是"集群辐射效应因子",得分为 3.7788,由"政府政策支持""龙头企业带动""专业市场""集群的品牌效应""企业规模"和"运输成本"6 个因素组成。政府农机管理部门与集群联系密切,在促进农机产业集群进步、推行有利政策的同时,也可以实现主管部门的收益,在自由市场这双"无形的手"的引导下,应该完善政府的扶持政策,从而推动集群的形成与可持续发展。"专业市场"关系到企业产品价值的实现,是集群实现利润增长的平台。"龙头企业带动"作用则体现在集群成立之初,参与当地政府对集群政策的制定工作,可依靠龙头企业的辐射力和对零部件的配套需求,吸引相关的零部件企业前来投资办厂,并组织集群内所有企业一起制定行业标准,使集群内整个产业链的竞争力得到提升,龙头企业的带动力是集群获得长足发展的关键之所在。而"企业规模"扩张首先表现为群内的企业以相对完善的组织运行模式吸引企业聚集,企业数量的增多和运输成本的大大降低会使得企业之间趋向分工合作,进而促进农机产业集群的形成。国外的产业集群往往在质量水平和产品名称上采用统一标准,比如,意大利"米兰制造"的标签赋予其达到统一标准的产品,由此大大地促进企业的营销,并使得集群内产业的整体发展水平得以提升。因此,农机产业集群在形成过程中,地方政府应根据企业规模和发展潜力筛选出重点企业和主导产品,加大力度培育龙头企业,充分发挥集群的品牌效应。

三是"创新环境因子"，得分为 2.9206，由"创新创业文化""能源消费需求""区域技术创新水平""区域经济发展水平"与"农机市场需求"5 个因素组成，从不同角度构成产业集群的创新环境，其中"创新创业文化"从企业文化层面构成产业集群的创新环境，"区域经济发展水平""农机市场需求"从市场层面构成产业集群的创新环境，而"区域技术创新水平""能源消费需求"从技术要求层面构成产业集群的创新环境。这个因子得分排名第 3位，在集群形成过程中，只有不断接受新的外部知识，提高企业的创新能力，才能发展壮大。

四是"产业要素因子"，得分为 2.1409，由"产业关联度"和"专业化分工程度"2 个因素组成。根据产业链上下游关系优化企业层次和结构，随着专业化分工的深入，能使大龄劳动力得以合理分配，从而提高劳动生产率，同时，在分工的基础上建立密切合作关系可以提高企业竞争力，提升产业集群竞争力，促进区域经济发展。以山东省为例，农机企业数量众多，大型农机企业在资金、技术等方面有优势，中小型农机企业则经营灵活，管理成本低，所以山东农机产业采取专业化分工和集群式发展是非常适宜的。

五是"行业合作因子"，得分为 1.8398，由"产业链长度""企业间合作"2 个因素组成，这两个因素都与集群内各企业与同行交流合作相关，这与农机产业集群目前处在形成期、农机企业间产业链分工协同、流程关联和互补的特点一致。该因子得分最低，表明在农机产业集群形成过程中，农机企业各相关方对企业间合作和产业链长度重视程度还不够，现有农机产业集群中竞争多过合作，但这并不是必然，也并非集群所倡导，从长远发展角度看，产业链长度越长，越利于分工专业化，企业间合作程度越高，越利于集群实现利益最大化。

3.4.4　框图优化

在 3.4.2 节中构建了我国农机产业集群形成影响因素的框图，通过对调查问卷的描述性统计分析和探索性因子分析，对 28 个影响因素进行剔除，保留到 18 个，再采用因子分析法对 18 个影响因素进行降维，提取出 5 个主因子，即"集群辐射效应因子""创新环境因子""产业要素因子""区位环境因子"和"行业合作因子"，结合因子分析结果对我国农机产业集群形成影响因素框图进行了优化，如图 3 - 7 所示。

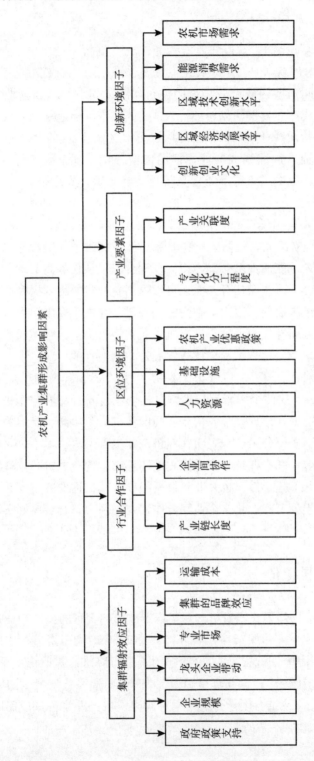

图3-7 农机产业集群形成影响因素优化框图

如前文所述，区域经济发展水平、专业化分工程度、农机市场需求、专业市场、产业链长度、基础设施和运输成本这 7 个影响因素的均值全都大于 3.65，经过因子分析，验证了其对农机产业集群形成的显著影响。农机产业集群的形成有赖于区域经济的发展水平、专业化的分工程度。农机市场需求将农机产品转化成产业发展动力，市场需求越大，资金回流到农机产业就越多，从而可增加更多的投入，使得农机产业良性发展。

3.5 本 章 小 结

本章围绕农机产业集群的形成机理进行研究，研究得出以下结论：

（1）结合农机产业集群的特征，分析了农机产业集群形成的基础条件和环境条件，指出农机产品的可分解性、可运输性、产品生产所需能力的多样性、市场需求的波动性以及较低人力成本的需求性满足了集群形成的基础条件；而区域内的资源禀赋、地域文化、企业家精神、政府的制度供给和农机公共服务机构的作用等则构成了集群形成的环境条件。因此，农机产业走集群化发展道路是必然趋势。

（2）基于上述条件，选取了制造业产业集群形成影响因素中的代表性因素，构建了农机产业集群形成影响因素识别框架，从生产要素、创新要素、政策要素、市场要素、行业要素和区位要素 6 个方面整理得到 28 个影响因素。

（3）根据农机产业的特征进行推理、设计调查问卷，选择国内涵盖产学研多个层面的农机产业领域专家进行调查，并对回收整理后的问卷数据进行探索性因子分析。通过描述性统计分析，从 28 个影响因素筛选出 18 个更具代表性的因素；通过探索性因子分析方法对 18 个影响因素进行降维处理，提取出"集群辐射效应因子""创新环境因子""区位环境因子""产业要素因子"和"行业合作因子"这 5 个主因子，其中"区位环境因子"得分最高，表明农机产业集群的形成更多地依靠"区位环境因子"和"集群辐射效应因子"，政府应从基础设施、农机产业优惠政策、龙头企业带动、专业市场、集群的品牌效应等方面入手，制定相应政策引导、促进集群形成和发展；"行业合作因子"得分最低，说明农机产业集群各相关方对"产业链长度"和"企业间合作"对集群形成的作用重视程度不足，农机企业相关方应更新认识，在延伸产业链和加强企业间合作方面采取一些措施，促进集群企业利益最大化，从而加快集群形成与发展。

第 4 章

我国农机产业集群演化及阶段识别

任何一个经济组织都不是静止的组织，都是会经历完整生命周期，包括生产、发展和衰落的动态组织。由于受到区位条件、资源优势和要素禀赋差异的影响，产业集群的形成和发展要经过漫长的演化，系统中要素的聚合和布局也要经历一个从低级到高级的演变过程，即从集聚到集群的过程。我国农机产业集群目前基本处于自发状态，大部分农机产业集群处于形成期和成长期，没有形成完善的产业集群结构。在分析农机产业集群形成条件的基础上，探索集群的演化规律，并识别集群所处阶段，对集群可持续发展动力机制的分析以及对策的制定具有一定的指导作用。

4.1 我国农机产业集群演化规律

农机产业集群生命周期包括集群的出现、发展、稳定到衰退的过程。基于产业集群生命周期展开研究，既可以帮助分析集群所处的阶段，又能为制定集群政策提供依据，从而保持农机产业集群的健康可持续发展。

4.1.1 农机产业集群演化的复杂性

现有文献对产业集群的界定纷繁复杂，这种多样性反映出产业集群随着工业化进程持续演化的复杂性。在知识经济大行其道之时，农机企业需要对急剧变化的外部环境迅速做出响应，以个性化产品满足不同农机客户的需求。在产业集群不断适应外部环境的过程中，表现出复杂性。

第一，农机产品市场的全球性。展望全球，凡是相对比较成功的产业集群，如"硅谷""第三意大利"等，它们的产品销售都是面向全球的。对外部环境变化保持敏感性和对异质知识的吸收能力对整个农机产业集群来说都至关重要。

第二，农机产业集群的演化轨迹具有不确定性。农机产业集群的演化进程受到一些非常小的、偶然性事件的影响，就可能在演化过程中出现分岔，集群演化阶段的多种可能反映了演化过程的复杂性。

第三，农机产业集群活动具有多样性。随着农机产业集群的发展，集群中会出现各种类型的中介组织形式，如服务中心、协会、教育和培训机构等，以促进和协调集群内各成员之间的互动和联系；同时，集群在互动演化过程中，还具备一些单个成员没有的集体特征，如协作创新、弹性专精的分工系统、对外部环境的快速反馈等。

4.1.2　农机产业集群演化的逻辑斯蒂增长曲线

基于指数增长模型，构建农机产业集群演化逻辑斯蒂增长（Logistic Growth）曲线。增加不受约束是生物生长的指数增长模式的特点，如公式 4.1 所示。

$$\frac{\mathrm{d}N}{\mathrm{d}t} = rN, \; N(t_0) = N_0 \tag{4.1}$$

短时期内，大部分生物表现为快速的指数增长，在缓慢的学习成长过程中，速度逐渐下降，但是在整个过程中存在增长边界。逻辑斯蒂增长是研究在外界资源存在竞争的情况下，生物种群规模的增长类型。生物种群的逻辑斯蒂增长微分方程为：

$$\frac{\mathrm{d}N}{\mathrm{d}t} = rN\left(1 - \frac{N}{K}\right), \; N(t_0) = N_0 \tag{4.2}$$

式中，N 表示种群大小，t 表示时间，K 表示环境容量，r 表示瞬时增长率。

农机产业集群由于环境容量的限制也存在增长极限，因此本书借鉴基于生物种群增长特点的增长集群公式，构建农机产业集群的逻辑斯蒂增长方程，表示如下：

$$S(t) = \frac{S_m}{1 + \left(\dfrac{S_m}{S_0} - 1\right)\mathrm{e}^{-r(t-t_0)}} \tag{4.3}$$

其中，$S(t)$ 代表集群内企业数量，S_0 为初始规模，S_m 为最大规模，r 为集群的瞬时增长率。农机产业集群逻辑斯蒂增长曲线可以用图 4-1 表示。

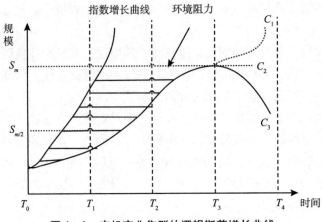

图 4 - 1　农机产业集群的逻辑斯蒂增长曲线

4.1.3　农机产业集群演化的生命周期

企业生命周期可以划分为诞生、发展、灭亡等几个阶段,当然,许多企业都在追求着可持续发展。但集群内企业生命周期的简单叠加并不能代表这个集群的生命周期。集群的生命周期是以集群中企业的数量和规模为标志的,也有着类似于企业生命周期从出现到灭亡的过程,而且集群中的边缘企业的退出不会影响整个集群的生命周期。正是由于这种非核心企业的退出,才促进了集群中新旧企业的交替,为集群输送新鲜的血液,保持集群的活力。当然,在核心企业占主导地位的集群中,核心企业的生命周期在很大程度上决定着集群生命周期。

值得注意的是,虽然企业生命周期不会对集群生命周期造成太大的冲击,但是集群的生命周期却能够对企业生命周期产生深远的影响,尤其是对一些边缘企业,而且这种影响往往是起决定性作用的。产业集群生命周期受产业生命周期的影响重大。随着产业的扩大,增加资本的投入,促使集群发展,但产业集群的生命周期还受到产业机构的调整、区域经济结构的变化、产业政策的改变等的影响。本节对农机产业集群演化的生命周期的分析,是以奥地利经济学家蒂希的生命周期理论为基础的。

为了对农机产业集群不同阶段进行分析,先要对整个过程进行一个划分,通过使用 S 形曲线,可以将农机产业集群的演化阶段分为形成期、成长期、成熟期和衰退期,分别对应图 4 - 2 中 $T_0 - T_1$,$T_1 - T_2$,$T_2 - T_3$,$T_3 - T_4$ 四个阶段。

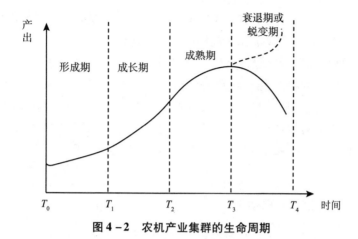

图 4－2　农机产业集群的生命周期

1. 农机产业集群形成期

第一，在形成期，集群里的参与者数目持续在增加，经过一段时间后可以看出它们出现了相对的集中现象，但是由于刚刚起步，发展并不壮大，因此对经济没有带动作用。最初一般是出现一两个核心企业，在其带动下，吸引其他创业者一起创业，大多是中小企业，它们进入集群后显示出了一种向部分地区集中的现象，并呈现快速增长、高效合理分工的现象，但未形成系统体系。

第二，资源不足，创新弱，不具有竞争优势。农机企业之间由于未形成长期的合作关系，缺乏信任，易受利益干扰动摇。尽管我国农机行业劳动力资源丰富，增进了竞争实力，但客观存在的专业复合型人才匮乏的问题又削弱了创新力和竞争力。

第三，我国社会环境及创业者网络集群也起到了很大的助力。创业者在受到资金及技术等因素的制约时，能借助社会关系同周围的好友乃至政府、经济机构等建立信任，保障资金、技术、信息等的需求。

2. 农机产业集群成长期

第一，在成长期，农机企业数量多、规模大，聚集效果明显，专业化协作分工体系基本形成，产业经济成为新的经济增长点，内部的参与者逐步形成一种稳定的联系，有协同，有竞争。在这个阶段，产业集群吸纳了更多经济资源，如资金、技术和人才等。

第二，地方政府的集群政策、法规起到了一定保障功能。在成长期，大量企业快速地成长，企业间也有着不同的利益分配，这就使得需要政府为集群提供合适的成长环境，用政策和法规约束不同主体的行为。除此之外，政府还能够帮助集群进行基础设施建设，为集群的发展进一步提供助力。

第三，资源相对充足，创新力提升，合作关系较好。经过一段时间的发展，为集群内部补充了大量的高尖端人才，提升了整个集群的创新能力。另外，产业集群中的学习模仿能力也得到了提高，企业之间的联系也更加紧密了，有助于提高技术的创新深度和广度，从而推动集群健康可持续发展。

3. 农机产业集群成熟期

第一，在成熟期，企业数量稳定、规模基本不变、增长慢，但初期，集群数量和规模依旧快速增长，竞争依旧激烈。在这个时期依旧会有一些新的企业进入并且成长起来，另外一些企业出现生存危机，只不过这些都只是少数，并不能掩盖集群整体的繁荣。

第二，集群内外合作加强，创新力增强。除了集群内部的自我联系与发展外，还与集群外部的单位进行协作共赢，不仅促进了人才的交往，也为企业带来崭新发展机遇。同时，集群内外企业长期合作交流，使其有更多的机会获得新型技能及丰富经验，从而进一步助推创新，极大地提高集群竞争力。

第三，集群内的优势有所减弱，部分企业进行转移升级。集群内有一部分企业迫于竞争压力开始进行产业转移与升级，以走出经验困局。进行升级后的企业对资金、技术、人才等具有更大的吸引力，也能使集群内更多的企业获得更多的利益，促进集群的可持续发展。

4. 农机产业集群衰退期

第一，衰退期，集群的吸引力进一步下降，人才开始流失，导致了企业的经济效益低下。许多企业开始迁出集群。集群的规模开始缩小。

第二，可用资源量骤减，经营环境恶化，产业转移是进一步发展的契机。此时，集群已不具备原有的竞争力，资金和人员进一步开始流向外地，合作也渐渐瓦解，生产技术处于瓶颈期，在同类产业竞争中缺少优势，创新环境急速恶化，大部分企业因整个环境的不景气而不得不离开，通过其他途径来找到新的发展方式。

综上所述，可将农机产业集群演化阶段的特征用表4-1总结。

表 4 - 1 农机产业集群各演化阶段的特征

特征	形成期	成长期	成熟期	衰退期
集群规模	小	较大	大	较小
发展速度	较快	快	较快，但缓慢	慢
集群产出效率	较低	较低，但增长加速	在较高水平稳定波动	明显的下降趋势
企业数量	较少	快速增长	达到饱和，增速变小	逐渐减少
分布范围	较小，发展快	较大	较大，调整幅度小	较小
从业人数	少	多，增长快	达到饱和	少，开始下降
集群收益	小	较大	达到饱和	较小，甚至为负
创新能力	较弱	较强	强	弱，合作关系瓦解
分工协作	松散	分工协作	协作体系逐渐完善	协作体系趋于瓦解
资源供应	少，吸引力弱	资源丰富	资源丰富	急剧下降，资源外流
社会网络	联系较弱	逐步形成	网络形成	企业加剧退出，出现瓦解
集群竞争力	较弱	逐渐增强	强，达到饱和	逐渐下滑

4.2 我国农机产业集群演化机制

"机制"指的是比较稳定的构成方式和作用规律。与形成条件相比，演化机制具有更高层次的属性和更稳定的作用形式。农机产业集群的演化机制是指推动集群形成、正向发展、自我演进的动力系统及作用原则。具体讲，即指农机产业集群所在的区域环境下，内外各主体部门、各要素相互协调、相互制约形成的促进农机产业集群可持续发展、演进、甚至退化动力作用原理或体系。在上一节中，分析了农机产业集群的演化机理，研究表明集群具备演化过程中非线性、非平衡性、涨落、开放性的条件，这一节中将对农机产业集群的各阶段演化机制分别探讨。

4.2.1 农机产业集群形成阶段演化机制

在形成阶段产业集群表现为低企业聚集密度、低高素质人才聚集水平，集群整体规模小、企业间关联度弱、不存在知识信息交流及获取的途径，企业通过有限经验推动集群演进，过程缓慢（见图 4 - 3）。

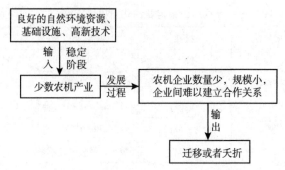

图4-3 形成阶段反馈与稳定机制示意

在集群形成阶段，集群对企业的甄选机理为：政策制度环境、企业关联度、企业合作度等决定了企业发展的优势，处于竞争劣势地位的企业逐渐退出集群，或者企业还未成形就夭折；另外，政府宏观战略规划将有利于产业可持续发展，为集群演化提供战略指导。反馈机制是指输入和输出对集群的产生的影响。集群反馈有利于实现集群稳定，进而延缓集群衰退或解体。

形成阶段的企业量极少，企业一般靠自身独立发展，缺乏合作网络，企业间的非线性合作尚未形成，只能依靠企业自身的复杂协同。农机产业集群演化过程评级机制主要体现在适应、竞争和选择三方面。此阶段企业表现为规模小、技术人才少、企业关联度低、缺乏知识信息交流途径，企业要想获得生存就必须冲破现实环境的束缚；同时在这一阶段的企业通过竞争显现彼此间的差异；最后通过优胜劣汰推动系统向更高层迈进。在此阶段，政府应该扶持核心企业壮大，确保核心企业从环境中获得足够的资源，营造良好的支持性环境系统。

4.2.2 农机产业集群成长阶段演化机制

成长初期，大量的农机企业涌入集群内部，集群内主体之间的关系进一步密切，与集群相关的辅助性产业逐渐成立，政府相关扶持政策也营造了发展环境。成长阶段的临界与分岔机制为：农机企业数量急剧增加，企业间联系加强，但是考虑到自身利益，会产生竞争或合作。集群合作具有不确定性，在发展过程中，企业根据自身发展需求选择竞争或合作（见图4-4）。

成长阶段的反馈机制是指输入和输出对集群正向演进路径的修正。输入包括政府扶持、自然环境资源等，输出指集群演进造成的企业集聚和综合实力的提升。稳定机制的特征为：农机产业集群在演进过程中体现出企业层面的数量剧增和信息层面的数据量激增，稳定机制则起到维持企业自身核心信息量的作用，为集群的可持续发展提供核心保障。

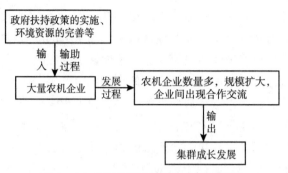

图 4 - 4　成长阶段反馈与稳定机制示意

农机产业集群演化过程中，评价机制包括竞争、选择和适应三个方面。在这个阶段企业若想获得成长必须与环境相适应，另外，积极招揽人才、拓宽知识获取渠道；与此同时，此阶段的企业还存在竞争，主要是通过竞争得出差异，根据差距填补不足；最后根据优胜劣汰原则推动产业集群发展进步。

4.2.3　农机产业集群成熟阶段演化机制

农机产业集群的成熟阶段属于相对平稳的时期，在这一阶段相关配套设施相对成熟，农机产业集群产业链体系臻于完善，出现良性循环。此时成熟的农机产业集群进一步演化可能出两种情况：继续发展或走向衰弱（见图 4 - 5）。

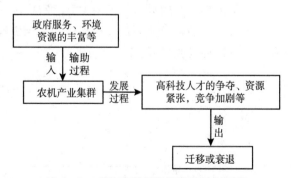

图 4 - 5　成熟阶段反馈与稳定机制示意

在这个阶段，农机企业之间、企业与机构间大都实现信息交流，辅助机构趋于完善。此阶段临界与分岔机制主要表现为：成熟集群继续发展、企业出现迁离集群和成熟集群走向衰弱，同时，会带来品牌效应、规模效应和经济效益的持续提高；企业外迁主要是因为追求更加低廉的生产资料，加之高技术人才的争夺、市场占有难度加大以及其他区域更具吸引力的政策和措施；集群走向衰弱主要是因为集群发展渠道过窄，企业未能认识到完善学习机制、扩宽知识获取渠道以及引进新人才的重要性，致使企业失去竞争力。

集群的输入和输出对处于成熟期的集群有较大影响。输入指政府服务规范带来的影响，输出指集群成熟过程中，土地资源昂贵、高技术人才争夺激烈、市场占有难度扩大以及发展渠道窄带来的集群迁移或衰退现象。稳定机制的特征为：集群发展成熟后，实现了内部企业相互关联的稳态，即内部的自稳定，自稳定机制规避了集群规模的随机变动，为可持续发展提供了稳定的外部环境。此外，稳定机制可以延缓集群的迁移或者衰退情况。

在成熟阶段，农机企业的形态特征表现为企业间的合作更加密切化、分工更加精细化，农机产业集群体系臻于完善，企业间以产业链的形式互惠共生。该阶段，某些企业得益于集群的有利环境，选择留在集群继续发展；而另外一些企业为了寻找更低的原材料成本供应体系，选择移出集群，成熟阶段的迁出与迁入实现了动态平衡。

4.2.4 农机产业集群衰退阶段演化机制

农机产业集群历经长期发展后，活力逐渐减弱，集群内的企业极有可能会因为发展环境过于舒适致使集群解体、企业外迁。政府宏观政策引导、企业战略转型、技术创新驱动是集群扭转颓势重要策略参考。农机产业集群的衰退是集群内部知识升级意识淡薄、创新力度不足、战略规划不到位等原因共同作用的结果，且是缓慢衰退的过程（见图4-6）。

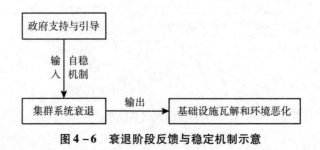

图4-6 衰退阶段反馈与稳定机制示意

农机产业集群衰退阶段的临界与分岔机制特征为：大量企业撤出集群、大量企业破产和大量企业实施战略转型。集聚不经济是产业集群进入衰退期的一个特点，撤离集群成为理性经济企业的必然选择；高素质人才流失，企业战略发展定位不明确，创新转化能力不足，进而使集群内农机企业失去市场竞争优势，导致企业破产，集群解体；然而，衰退阶段的农机产业集群创新体系仍是集群战略转型的重要契机，通过适时转型升级，集群则可再次走向秩序化。

衰退阶段反馈机制是指外部输入和集群内部输出对集群的可持续发展有负面影响。该阶段是由政府的政策引导为主要输入，通过基于引导的战略调整和转型升级，减小衰退的影响，甚至可以创造出集群新的核心竞争力；输出指集群规模锐减，农机企业外迁或倒闭、高素质人才流失、创新氛围缺失等情况。衰退机理：企业的衰落是在进入自稳定阶段后没有及时制定长远的战略发展目标，未能深入挖掘可持续发展的战略驱动力。稳定机理：若无自稳定机制则可能会出现某种随机的巨涨落致使农机产业集群突然瓦解，相对稳态的农机产业集群有助于企业规避外部随机风险。

在衰退阶段，农机企业受路径依赖影响而错失了战略转型的契机，最终由于不具备核心市场竞争力而走向衰退，也可能迫于经营环境恶化，恶性竞争加剧；也可能积极响应政府部门的引导开展战略调整及转型，选择迁离该集群以找寻新的机会或者选择破产。

4.3　我国农机产业集群演化阶段识别方法

4.3.1　农机产业集群识别的研究思路与方法

1. 研究思路

近年来，国内外学者对产业集群的研究大都采用三种思路和六种辨认法，两者可自由组合，形式多样。六种辨认法分别是区位商法、案例分析法、投入产出分析法、多元聚类分析法、要素分析法和图论分析法，六种识别方法如表 4-2 所示。其中区位商法和投入产出分析法这两种方法使用频率最高。

表 4 -2 集群识别思路与方法

研究性质	技术方法	研究层面	原始数据	关注点
定性	区位商法	中观	国家、区域的统计数据	专业化程度
	波特案例分析法	宏观	贸易统计数据	影响竞争力的要素
		微观	国民账户数据	
定量	投入—产出分析法	中观	投入—产出矩阵	产业及价值链中产业间的贸易联系
	主成分分析法	中观	投入—产出矩阵	产业间联系的主要结构
	多元聚类分析法	中观	投入—产出矩阵	企业或相似产业间联系
	图论分析法	中观	创新调查及投入产出表	企业与产业群和其他网络的联系

第一，基于不同研究角度，能够使用自下而上的区位法和自上而下的产业法来识别产业集群。产业法侧重于具有一定基础的产业，基于数据类型辨认，着重强调专业化和地方化；区位法具有高度定性和易于记忆的特征。

第二，宏观、中观和微观三个层面识别农机产业集群是重要的研究分类视角。宏观层面立足整体经济，主要分析集群整体的专业化模式；中观层面侧重研究集群内产业间的相互联系和创新需求；微观层面从核心企业和供应商的内在关联层面研究发展策略、链分析和链管理。

第三，基于不同的研究性质，主要通过定性和定量两种方式开展产业集群识别。区位商法为定性研究，多元聚类和图论分析法等为定量研究。前者主要依据 LQ 系数判定产业集群的存在，后者则能够以其为前提，识别产业集群具体内容。定性与定量两类方法各有利弊，相辅相成。

2. 识别方法

根据前文第三种研究思路，产业集群识别方法一般是定量方法与定性方法相结合，国内学者在产业集群识别方法实证研究方面进行了很多探索。张会新等（2009）基于钻石模型和 GEM 模型构建了 RIS 模型，通过该模型对资源型产业集群进行定性识别，并建立了相应的评价指标。程玉桂（2009）借助区位商法对江西农产品加工产业集群进行识别，得出江西 14 种主要农产品加工产业的 LQ 系数分布表，并对集群进行优劣势分析，将其分为显著优势产业、潜在优势产业、新兴的集聚产业和比较劣势产业四大类，并给出了针对性的建议。陈国宏和王丹（2010）基于区位商法分析探究了沈阳特色产业集群，并计算了产品销售收入、从业人员数和企业数三类指标的 LQ 值，识别出铁西装备制造业、东陵航空集群、浑南 IT 集群、法库陶瓷集群四个特色产业集群，并对各集群的发展情况做出了简要论述。孙慧等（2011）用空间基尼系数（G 指数）使用 2009 年的数据结合主成分分析法对西北 5 省份纺织产业的集聚程度进行了测算及分析，但由于空间基尼系数作为集群识别指标时，没有考虑到企业规模差异可能导致偏差影响，因此又采用区位商（LQ）进行了验证分析。结果显示，除陕西纺织产业的集群化程度较高外，其他 4 省份也形成明显的产业集聚现象。郭立伟和沈满洪（2013）基于区位商法，利用 2006～2010 年的相关经济数据，对我国的新能源产业集群展开识别研究，发现浙江水平在全国内名列前茅，且温州、杭州、台州、宁波四个地区集聚程度较高。通过以上文献分析可以看出，区位商法由于易于收集资料、方便计算，也能清晰体现产业专业化程度和集聚程度，在产业集群识别方法中得到了广泛和成功的应用，众多的实证研究也充分证明了该方法的科学性和可行性。

综上所述，对农机产业集群演化阶段的识别也需集合各种方法优势，结合研究现状及目的，综合使用定性和定量方法。本节拟首先采用区位商法计算我国农机产业集聚程度；其次，根据农机产业集群特征，借鉴钻石模型和 GEM 模型来构建 GESS 模型；最后，基于 GESS 模型采用层次分析法与模糊数学评价法对我国山东农机产业集群演化阶段进行实证研究。区位商法、GESS 模型法、层次分析法和模糊数学评价法的优劣势比较如表 4-3 所示。

表 4-3　区位商法、GESS 模型法、层次分析法和模糊数学评价法的优劣势比较

方法	优势	劣势
区位商法	操作简便	只能反映聚集程度，不能识别集群内相关产业的联系程度
GESS 模型法	借鉴钻石模型和 GEM 模型的优势，对产业集群进行多角度的全面综合分析	基于数据与集群状况材料的可得性，对集群集中定性分析
层次分析法和模糊数学评价法	综合有经验的专家的意见，实现专业性强、效率高、对产业集群进行识别	基于专家个人经验，存在评价结果主观性较强的问题

4.3.2　基于区位商法的农机产业集群演化阶段识别

由哈盖特（P. Haggett）首先提出的区位商（location quotient，LQ）法反映产业集聚程度的一个定量化指标，具体公式如下：

$$LQ_i = \frac{\dfrac{E_{ij}}{E_i}}{\dfrac{E_{kj}}{E_k}} \tag{4.4}$$

式中，E_{ij}表示 i 地区农机工业总产值；E_i 表示 i 地区工业总产值，E_{kj}表示全国农机工业总产值，E_k 表示全国工业总产值。如果 LQ 值大于1，则表明该产业在给定区域的集聚程度高于较高层次区域的平均水平，有一定集聚趋势。LQ 值越大，表明该产业的专业化程度越高，集群趋势越显著，借鉴前人的研究认为，LQ 值大于1.12表明其专业化水平高，尤其是当 LQ 值大于1.2时，就会被称作"亮点"。如果 LQ 值等于1，表明该产业在该区域的专业化水平与全国相当，产品基本自给自足。如果 LQ 值小于1，则说明该产业在该区域的专业化水平低于全国。但由于区位商法本身的缺陷，在应用时最好和其他相关方法一起使用，即当识别一个区域存在产业集聚现象时，再采用其他方法进行农机产业集群识别，并对其演化阶段进行测度，以便对于不同阶段的产业集群采取相应的提高集群竞争力的措施

对于已经形成的集群，其 LQ 系数会保持在大于1的状态。借鉴其他制造业产业集群的研究方法，基于区域的 LQ 值的趋势水平，采用以下标准来判别现有农机产业集群所处的演化阶段。

（1）形成期。LQ 系数始终大于1，且小于1.2，年均增长率较低，增长缓慢。

（2）成长期。LQ 系数始终大于1.2，年均增长率较高，增长明显。

（3）成熟期。LQ 系数始终大于1.2，年均增长率较低，增长缓慢。

（4）衰退期。LQ 系数始终大于1，但年均增长率出现负值，且 LQ 系数呈下降趋势。

4.3.3　基于 GESS 模型的农机产业集群演化阶段识别评价

本书借鉴 GEM 模型和钻石模型设计了"GESS 模型"（见图4-7），即：

（1）基础资源集聚（groundings agglomeration）：农机产业发展状况与当地资源禀赋息息相关。

（2）经济网络（economic network）：集群只有形成系统的产业价值链才能取得长远发展，企业可通过投入产出联系和专业化的分工合作来获得经济外部性，即不需为经济主体活动付费而取得收益。

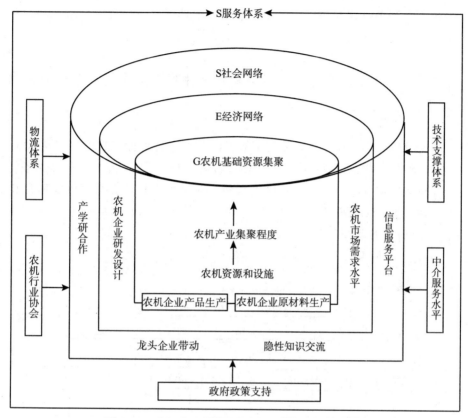

图 4 – 7　农机产业集群演化阶段识别的 GESS 模型

（3）社会网络（social network）：农机产业集群通过实施产学研共享合作可获得技术外部性。

（4）服务体系（service system）：农机产业发展需营造创新环境，在其中，行业协会、咨询和金融服务机构以及政策的支持也起着重要作用。

GESS 模型中的"G"是农机产业集群发展的前提，通过对基础资源聚集的调查可了解农机产业的发展基础；"E"是农机产业集群发展目标和结果，调查经济网络能够了解农机产业的具体发展能力；第一个"S"即社会网络，是经济网络的升级，通过调查社会网络可了解农机产业的创新环境；第二个"S"即服务体系，有助于了解农机产业发展的配套条件和发展潜力。

基于 GESS 模型的农机产业集群演化阶段识别就是在农机产业集群的特征基础上，从四个方面对农机产业集群展开判别和评价，着重分析某一特定地区的农机产业集群的具体特性，概括其发展优势与不足，并与产业集群演化各阶段特征进行比对分析，进而识别得出该地区产业集群发展所处的演化阶段。

4.3.4　基于层次分析法和模糊数学评价法的农机产业集群演化阶段评价

层次分析法（AHP）主要依据决策者经验判定各目标间的相对重要程度，给出适宜科学权数，据此得出优劣。模糊数学综合评价法是依据隶属度原理将定性评价转为定量评价，是一种总体判断。在进行农机产业集群演化阶段识别时，采用基于 GESS 模型的农机产业集群评价体系，如图 4-8 所示，即先采用 AHP 确定各级指标权重，再采用模糊数学评价法对集群所处阶段进行评价。

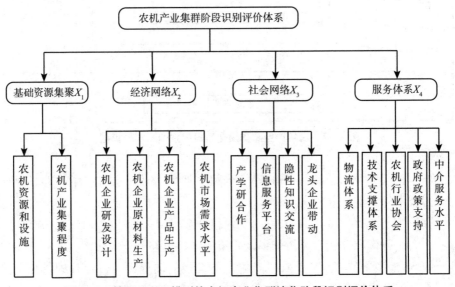

图 4-8　基于 GESS 模型的农机产业集群演化阶段识别评价体系

第一，建立递阶层次结构、建立两两比较矩阵。将各因素按属性分解成层，并根据属性逐级重新组合，直至得到单一因素。针对上一层次某元素，比较本层次与相关元素之间的相对重要性。

第二，确定最大特征向量值。根据上一层对本层各元素排出评比顺序，计算最大特征向量 $\lambda_{\max}$。

（1）归一化处理判断矩阵：

$$a_{ij}^* = \frac{a_{ij}}{\sum_{k=1}^{n} a_{kj}} \quad (i, j = 1, 2, 3, \cdots, n) \tag{4.5}$$

（2）按行相加处理判断矩阵列：

$$W = \sum_{i=1}^{n} a_{ij} \quad (i, j = 1, 2, 3, \cdots, n) \tag{4.6}$$

（3）对向量 $W = (W_1, W_2, W_3, \cdots, W_n)$ 进行归一化处理：

$$W_i^1 = \frac{W_i}{\sum W_i} \quad (i = 1, 2, 3, \cdots, n) \tag{4.7}$$

（4）计算判断矩阵最大特征根 λ_{max}：

$$\lambda_{max} = \frac{\sum RW_i^1}{n \times W_i^1} \quad (i = 1, 2, 3, \cdots, n) \tag{4.8}$$

第三，一致性检验 $C.I.$。受主观因素干扰，矩阵一致性难以保证，故需检验权重。

$$C.I. = (\lambda_{max} - n)/(n - 1) \tag{4.9}$$

$$C.R. = C.I./R.I. \tag{4.10}$$

一致性指标 $C.I.$ 的值越高，表明判断矩阵偏离程度越大；$C.I.$ 的值越低，越接近于完全一致性。

第四，建立因素集 U、评判集 V。V 是与 U 中的评价因素相对应的评价标准的集合。

第五，确定隶属度，确定模糊矩阵、权重集。权重系数反映因素重要程度。

第六，矩阵复合。分别进行一级、二级评价，得出判断矩阵，最终得出无纲量化值。

4.4　实证分析

山东农机工业基础雄厚，作为国内农机工业第一大省，省内优秀农机企业众多，主要经济指标和产业规模连续十多年居行业首位，是中国农业机械的生产基地，现已形成配套齐全、品种多样的产业系统体系，产品涉及种植业、畜牧业、可再生能源利用机械等 7 个门类 3500 多个品种，在全球都有市场。

2011 年山东地区农机企业入选全国 50 强企业数量居全国之首（见表 4 – 4）。本节选定山东作为考察对象，识别山东农机产业集群所处的发展阶段。

表 4 – 4　　　　　2011 年我国农机行业入选全国 50 强企业分布地区

省份	企业数量（家）	所占比例（%）	主营业务收入（亿元）	所占比例（%）
山东	17	34.00	648.70	51.62
浙江	10	20.00	66.00	5.25
江苏	8	16.00	199.70	15.89
河南	6	12.00	195.00	15.52
其他**	9	18.00	147.30	11.72
总计	50	100.00	1256.70	100.00

注：** 其他省份包括四川、上海、广西等 7 个省区市。
资料来源：中国农机工业协会发布《2011 中国农机工业 50 强企业名单》整理而得。

1. 区位商计算与分析

因 2015 年后统计口径发生变化，本节在使用区位商法计算公式时仅计算山东农机工业 2010 ~ 2013 年的 LQ 值。计算结果如表 4 – 5 所示。

表 4 – 5　　　　2010 ~ 2013 年山东和全国农机工业总产值、工业总产值和 LQ 系数

地区	年份	农机工业总产值（亿元）	工业总产值（亿元）	LQ 系数	年均增长率（%）
山东	2010	615.80	83851.40	1.81	1.91
	2011	706.70	99504.98	2.07	
	2012	754.20	114707.29	1.82	
	2013	834.30	129906.01	1.77	
全国	2010	2838.10	698591.00	—	—
	2011	2898.00	884269.00	—	
	2012	3382.40	1049594.00	—	
	2013	3952.28	1165049.34	—	

资料来源：根据《国家统计年鉴》《山东省统计年鉴》《中国农业机械工业统计年鉴》整理而得。

从表 4 – 5 中可知：山东农机产业存在着集聚现象，根据 LQ 系数大于 1.2 的判别标准，山东农机产业集聚程度相对较高，说明山东农机产业集群处于演

化阶段的成长期。2010 ~ 2013 年，山东农机产业 *LQ* 系数年均增长率为 1.9%，并且在 2011 年 *LQ* 系数达到 2 以上，说明山东农机产业集群现象明显，但农机产业集聚现象发展缓慢。

山东位于东部沿海，是我国的主要粮食产区，历来是外资注入的高中区，民营企业发展快，外资及民营资本使农机工业进一步急速发展起来。同时，民营企业也不断加入了重组、并购的队伍，地区农民收入水平相对较高、整体购买力强也促进了农机工业的发展。此外，山东地区具备机械制造业基础，分布有传统国有大型企业。这些企业利用合资、股份制等方式，激发发展活力，成为我国农机发展重要支柱。山东农机工业集中在潍坊、烟台等地，主营拖拉机、联合收割机等。山东农机目前已拥有山东时风、福田雷沃、金亿、巨明、常林、五征、海山、兖州三丰等影响很大的国际品牌和国产知名品牌。相比其他省份而言，山东农用动力设备研发制造能力突出，如时风集团作为全国最大的单杠柴油机生产企业，其产品占配套量的 60%。

2. 基于 GESS 模型对山东农机产业集群演化阶段的分析

第一，基础资源集聚方面。制造业对资源和能源的依赖性较强，农机行业的发展与原材料行业发展相互促进。山东钢铁生产在全国占据首要地位，近距离低成本运输，为农机行业发展提供了丰富的原材料资源。山东良好的制造业优势，机械行业丰富的人才储备，为山东农机行业发展提供了很好的基础条件。比如在山东潍坊，以小四轮拖拉机生产企业为例，其集聚现象的发生是因为两方面原因：一方面，农机是国家非限制性行业，小型拖拉机零部件为社会化生产，技术水平低，行业进入壁垒很低，尤其是对于拥有生产经营经历、了解部件流通渠道的人员，成立生产企业相对简单；另一方面，国有企业经营不善，大量的劳动力和市场被民营企业占据，推动其发展。在潍坊市，基本能买到小四轮拖拉机的各种零部件，产品零部件配套协作率能到 60% 以上，达到了系统化生产。进一步形成从主机到零部件的专业化协作及配套链条体系，逐渐发展起来的民营企业使得潍坊变成了"小拖城"。

从农机产业集聚程度来看，山东农机产业目前初步形成了产业集群，主要分布在潍坊、聊城、日照、临沂、兖州等地。

第二，经济网络方面。在农机产品生产方面，山东是我国谷物联合收获机械、拖拉机和农用运输机械的最大的生产基地，拥有福田雷沃、科乐收金亿、时风、五征等一批国内知名品牌，产业规模和技术水平均领先同行业。2013年全省规模以上农机企业达 603 家，2005 ~ 2010 年农机工业产值占据全国 1/2

市场，2011 年后因统计口径发生变化，部分优势传统产品，如三轮汽车、低速火车和农用内燃机不再计入农机统计，导致在全国占比发生很大变化。以拖拉机产业为例，2013 年山东生产拖拉机 86 万台，占全国比重为 37%，生产主机的企业达 40 余家，拥有一批产业规模和技术水平优势明显的国内知名品牌。① 山东农机产业的主要优势是：行业集中度高，企业总体规模较大；农机产业配套能力强，体系健全，拥有一批优秀的专业化配套企业；产业链很长，经济带动力强。山东的农机工业发展势头非常迅猛，但也存在着一些问题：部分地区机械行业企业较多，产品、市场多有重合，竞争激烈，产品附加值很低；农机企业虽多，但近 70% 的都是中小企业，产品主要是粮食生产、大田作业机械，作业相对单一，复合式作业产品少，农林畜牧等还处在起步阶段，器具品种样式稀少；低端产品产能过剩，不具有生产市场需求高的高端农机产品；核心产品生产工艺技术达到瓶颈，进口核心零部件产品依赖性强。

从农机市场需求水平来看，农业生产方式的转变需要农机支撑，随着土地集约化程度越来越高，对农业机械的需求越来越大，国家农机补贴政策实施力度大，但同时也导致了部分资金的提前消费，今后的农机需求可能会有些压力。

第三，社会网络方面。与行业巨头和科研院所合作是农机企业不断壮大的重要途径，山东农机企业重视与高等院校和科研院所的研发合作，现建有国家级和省级企业技术中心共 27 个，省级工程技术中心 11 个、行业技术中心 1 个、技术创新联盟 1 个②，部分企业与科研院所合作，共同形成了产学研联盟关系。研发合作机构的建立，极大地促进了山东农机新产品、新工艺、新技术项目的立项、产业化生产、产品类型多样化等研究开发工作。山东重视打造创新平台，以兖州为例，政府特别支持科技创新，区财政研究设立农机产业发展扶持资金，聘请北京科学研究院选派的院士进行指导，建设科技、研发、检测服务平台，进行共性技术研究，搭建农机公共技术服务平台，培育"专、精、特、新"农机中小微企业，实现对农机装备制造基地的强力支持。

第四，服务体系方面。在吸引外商投资方面，以兖州为例，国内外不少知名农机企业看中了兖州农机基础，主动寻求与兖州农机企业合作，目前，世界

---

① 资料来源：中国机械工业年鉴编辑委员会，中国农业机械工业协会. 中国农业机械工业年鉴 2014 [M]. 北京：机械工业出版社.

② 农机通网. 山东省关于农业机械化转型升级实施方案（征求意见稿）公开征求意见的函 [EB/OL]. 2015 年 9 月 7 日. http://www.nongjitong.com/news/2015/374400.html.

第三大农机企业美国爱科已经落户兖州，并于 2013 年建成爱科亚太研发中心。

在技术支撑体系方面，山东农机制造技术水平及装备水平同发达国家还有很大差距，行业中中小企业技术水平低，制造技术和工艺水平落后，部分一线设备甚至仅相当于发达国家 20 世纪六七十年代水平。研发投入占销售收入不足 1%，长期科研投入不足导致研发手段落后，科研队伍不稳定，产品研发仿制居多，核心技术短缺。山东农机专利申请量一直居全国前列，仅兖州地区就获发明专利 26 项，实用新型专利 117 项。截至 2016 年，山东农机类专利公开数目达 8779 件，高于全国其他省份，但 80% 以上的专利类型为实用新型，发明专利申请数量少，且企业和高等院校、研究机构之间合作较少，缺乏产学研结合①。

在农机行业协会方面，各组织分工明确，加强了行业交流与管理（见表 4−6）。同时，农机市场化服务体系逐步完善，如福田雷沃开发的联合收获机械作业信息服务系统，多年来作为农村农业部定点信息服务平台，在"三夏""三秋"中为全国农机跨区作业服务，在促进粮食丰收和农民增收方面起到了较好的效果，为农机企业提供了很好的中介服务。

表 4−6　　　　　　　　　　　　　山东农机行业机构

行业服务组织名称	工作职责
山东省农业机械管理局	贯彻国家有关农业机械化的方针政策和法律法规、拟定山东农机管理政策法规、制定规划、指导农机科研、鉴定行业科技成果、对外交流合作等
山东农业机械试验鉴定站	农机产品试验鉴定、监督检验、质量监管、认证、农机化标准制定、农机测试技术和试验方法研究
山东省农业机械技术推广站	农机新技术新机具示范、推广、应用
山东省农业机械安全监理站	农机安全生产、安全管理
山东省农业机械维修指导站	农机维修技术推广应用和咨询
山东省农业机械科学研究院	农业装备应用基础研究、新技术新产品研发、试验检测和信息服务
山东农机工业协会	行业服务、信息交流、经贸合作、品牌推选、行业展览、咨询服务
山东省农机流通协会	农机产品流通、组织企业参加农机展览
山东农业机械学会	学术活动、科普工作、农机人员培训

---

① 史筱飞，聂静. 山东省农业机械专利分析. 中国农机，2012 (6)：45−48，51.

从政府政策角度，山东政府对农机产业高度重视，重点关注项目发展进程，包括重视规划、引进项目、广招人才等。

综上所述，山东农机产业具有制造优势，地理集中趋势明显，集聚程度较高，农机行业规模大，特别是龙头企业起到了带头作用，农机企业间相互合作与交流较广泛，服务体系较完善。因此，山东农机产业集群处于演化阶段中的成长期。

3. 基于层次分析法和模糊数学评价法对山东农机产业集群演化阶段的评价

第一，确定指标权重。根据专家意见，山东农机产业集群演化阶段识别评价体系一级指标的判断矩阵 R 如表4-7所示。

表 4-7　　　　　　　　　　　一级指标判断矩阵

R	X_1	X_2	X_3	X_4
X_1	1	1/2	1/3	1/2
X_2	2	1	1/3	1/3
X_3	3	3	1	1/2
X_4	2	3	2	1

依据方根法求特征向量 w，由公式（4.11）~式（4.13），计算得出特征向量。

$$\overline{W} = \left(\prod_{j=1}^{n} a_{ij} \right)^{\frac{1}{n}} (i = 1, 2, \cdots, n) \tag{4.11}$$

$$\overline{W} = \sum_{i=1}^{n} \overline{W}_i \tag{4.12}$$

$$w_i = \frac{\overline{W}_i}{\overline{W}} \tag{4.13}$$

特征向量 $w = [0.118, 0.151, 0.321, 0.410]$，即为指标相对重要性权重。

接着，计算矩阵 R 的最大特征根 λ_{max}，并进行一致性检验。

$RW = [1 \quad 1/2 \quad 1/3 \quad 1/2; \ 2 \quad 1 \quad 1/3 \quad 1/3; \ 3 \quad 3 \quad 1 \quad 1/2;$
$\quad\quad 2 \quad 3 \quad 2 \quad 1] \times [0.118 \quad 0.151 \quad 0.321 \quad 0.410]^T$
$\quad = [0.5095 \quad 0.6432 \quad 1.3540 \quad 1.7483]^T$

$$\lambda_{max} = \sum_{i=1}^{4} \frac{1}{4} \times \frac{RW_i}{w_i} = 4.217 \qquad CI = \frac{\lambda_{max} - n}{n - 1} = 0.0724$$

根据 $n = 4$，查表可知 $RI = 0.9$。故 $CR = CI/RI = 0.08 < 0.1$，通过一致性检验，表明指标权重有效，故农机产业集群识别评价体系中 4 个一级指标的权重为 0.118、0.151、0.321、0.410。其中，服务体系的权重最大，社会网络权重次之，基础资源集聚的权重最小。

重复以上步骤，得出二级指标的权重如表 4-8 到表 4-11 所示。

表 4-8　　　　　　　农机基础资源集聚指标权重

X_1	X_{11}	X_{12}	W_{1i}
X_{11}	1	1/7	0.125
X_{12}	7	1	0.875

$\lambda_{max} = 2$，$CI = 0$，$CR = 0 < 0.1$

表 4-9　　　　　　　经济网络指标权重

X_2	X_{21}	X_{22}	X_{23}	X_{24}	W_{2i}
X_{21}	1	1/3	1/2	1	0.154
X_{22}	3	1	1	1	0.318
X_{23}	2	1	1	1	0.287
X_{24}	1	1	1	1	0.241

$\lambda_{max} = 4.1187$，$CI = 0.0395$，$CR = 0.0439 < 0.1$

表 4-10　　　　　　　社会网络指标权重

X_3	X_{31}	X_{32}	X_{33}	X_{34}	W_{3i}
X_{31}	1	1/3	1/2	1	0.154
X_{32}	3	1	1/2	1	0.266
X_{33}	2	2	1	1	0.340
X_{34}	1	1	1	1	0.240

$\lambda_{max} = 4.2169$，$CI = 0.0723$，$CR = 0.08 < 0.1$

表 4 – 11　　　　　　　　　服务体系指标权重

X_4	X_{41}	X_{42}	X_{43}	X_{44}	X_{45}	W_{4i}
X_{41}	1	1	1/3	1	1/2	0.127
X_{42}	1	1	1/4	1/2	1/2	0.104
X_{43}	3	4	1	1	1/2	0.259
X_{44}	1	2	1	1	1/3	0.167
X_{45}	2	2	2	3	1	0.342

$\lambda_{max} = 5.282$, $CI = 0.071$, $CR = 0.06 < 0.1$

第二，山东农机产业集群模糊数学综合评价。

（1）设定评语集 $V = \{好、较好、中、较差、差\}$，也就是将评价结果分为 $\{成熟期、成长期、形成期、尚未形成、远未形成\}$ 共 5 个等级。

（2）收集整理专家意见，得出 4 个指标的判断矩阵分别如下：

$R_1 = [0.1\ \ 0.7\ \ 0.1\ \ 0.1\ \ 0; 0.1\ \ 0.5\ \ 0.3\ \ 0.1\ \ 0]$

$R_2 = [0\ \ 0.4\ \ 0.5\ \ 0.1\ \ 0; 0\ \ 0.4\ \ 0.5\ \ 0.1\ \ 0;$
$\quad 0.1\ \ 0.4\ \ 0.4\ \ 0.1\ \ 0; 0.1\ \ 0.9\ \ 0\ \ 0\ \ 0]$

$R_3 = [0\ \ 0.4\ \ 0.5\ \ 0.1\ \ 0; 0\ \ 0.3\ \ 0.7\ \ 0\ \ 0;$
$\quad 0\ \ 0.1\ \ 0.7\ \ 0.2\ \ 0; 0.1\ \ 0.5\ \ 0.3\ \ 0.1\ \ 0]$

$R_4 = [0\ \ 0.7\ \ 0.1\ \ 0.2\ \ 0; 0\ \ 0.5\ \ 0.4\ \ 0.1\ \ 0; 0\ \ 0.4\ \ 0.6\ \ 0\ \ 0;$
$\quad 0.1\ \ 0.7\ \ 0.2\ \ 0\ \ 0; 0\ \ 0.4\ \ 0.3\ \ 0.3\ \ 0]$

（3）根据 $WR = Q$ 得出评价结果：

$Q_1 = [0.8875\ \ 0.525\ \ 0.275\ \ 0.1\ \ 0]$

$Q_2 = [0.0528\ \ 0.5207\ \ 0.3507\ \ 0.0759\ \ 0]$

$Q_3 = [0.024\ \ 0.2954\ \ 0.5731\ \ 0.1074\ \ 0]$

$Q_4 = [0.0167\ \ 0.4986\ \ 0.3462\ \ 0.1385\ \ 0]$

（4）依据 $WQ = V$ 得出二级模糊综合评价结果：

$V = [0.118\ \ 0.151\ \ 0.321\ \ 0.410] \times$
$\quad [0.8875\ \ 0.525\ \ 0.275\ \ 0.1\ \ 0; 0.0528\ \ 0.5207\ \ 0.3507\ \ 0.0759\ \ 0;$
$\quad 0.024\ \ 0.2954\ \ 0.5731\ \ 0.1074\ \ 0; 0.0167\ \ 0.4986\ \ 0.3462\ \ 0.1385\ \ 0]$
$= [0.1275\ \ 0.4399\ \ 0.4112\ \ 0.1145\ \ 0]$

由最终评价结果可得出，有 12.75% 的专家认为山东农机产业集群处于成熟期，43.99% 的专家认为山东农机产业集群处于成长期，41.12% 的专家认为山东农机产业集群处于起步形成期，有 11.45% 专家认为山东农机产业集群尚未形成。

综合区位商法、GESS 模型评价，以及基于 GESS 模型的层次分析法和模糊数学法对山东农机产业集群的分析，认为山东农机产业集群处于成长期。山东农机产业零部件企业数量多，产品类别齐全，配套能力很强，并拥有比较完善的产业服务体系，区域品牌近年来发展迅猛，龙头企业占比突出。在这个阶段农机企业若想获得成长必须与环境相适应，还需积极招揽人才、扩宽知识获取渠道；同时，农机企业还存在竞争，需要通过竞争得出差异，根据差距填补不足；最后根据优胜劣汰原则推动产业集群发展进步，具体可从以下四方面入手。

（1）尽快调整产业、产品结构。山东农机产业和产品结构还需要调整。当前，山东农机产品主要以粮食生产和大田机械为主，作业功能比较单一，大型复式作业的产品少，设施农业、畜牧业和林果业所需的农机处于起步阶段，小型拖拉机等低端主机产能过剩，高技术含量的农机则还没有足够的生产能力，未能形成专精特优的农机研发和制造能力。

（2）尽快改善人才队伍现状。随着山东农机产业发展和市场对农机高端产品需求的增长，行业内掌握先进技术和科研能力强的高端人才成为极端稀缺资源，农机人才队伍整体创新水平较低。如何吸引农机产业高端人才落户山东，尤其是落户重点发展的集群区域，是一项值得集群和区域政府思考的课题。可从搭建农机产业国际人才交流合作平台；建立多层次、多样化的交流培养机制；鼓励高校、科研机构和企业联合培养农机领域的专业人才等方面入手，完善人才培养机制。

（3）重视国外资本对山东农机企业的冲击。山东农机产业出口交货值仅占销售收入的5%，低于全国平均水平（全国为8%），说明在国际竞争力方面存在很大提升空间。近些年，国外农机公司并购了多家山东农机企业，但并没有达到以市场换技术的既定目标，反而对本土企业的发展造成了不小的冲击。地方政府应分析其中的原因，采取相应措施充分发挥集群内核心企业的优势带动作用，从而促进集群可持续发展。

（4）加速形成完善的产业链。积极发挥主导产品、龙头企业的带头作用，通过优化布局，扶强扶优，引导集群发挥区域比较优势，突出集群特色，协调好专业化分工和供求关系，形成以产品价值链为中心，原材料供应、整机制造和销售、物流体系和售后服务完善的产业配套体系，在现有农机产品品牌带动下形成集群品牌。

4.5 本 章 小 结

本章深入剖析了农机产业集群的演化机制，并在此基础上对农机产业集群的演化阶段进行识别与评价，以山东农机产业集群为例进行了实证研究。

（1）基于集群演化周期复杂性和生命周期演化的逻辑斯蒂增长曲线，将农机产业集群演化分为四个阶段，即形成阶段、成长阶段、成熟阶段和衰退阶段，并对每个阶段政府和市场的作用进行了分析。研究指出，演化的阶段并不连续，任何一个微小的干扰都有可能使得集群发展走向不同的道路，可以从企业层面、集群层面和政府层面采取相应措施提升农机产业集群的竞争力，促进集群的可持续发展。

（2）以山东为例，基于 GESS 模型的农机产业集群演化阶段评价体系，采用层次分析法与模糊数学综合分析法对山东农机产业集群演化阶段进行识别和评价。区位商法的计算结果表明 2010～2013 年山东农机工业总产值连续四年位居第一位，且区位商值较高，说明山东地区存在产业集聚现象且集聚程度较高。基于 GESS 模型的定性分析，山东农机产业集群处于成长阶段。基于层次分析法和模糊数学评价法，12.75% 的专家认为山东农机产业集群处于成熟期，43.99% 的专家认为山东农机产业集群处于成长期，41.12% 的专家认为山东农机产业集群处于起步形成期，有 11.45% 专家认为山东农机产业集群尚未形成。综合三种识别和评价方法，认为山东农机产业集群处于成长期，在此阶段，农机企业间需要通过竞争得出差异，区域政府可以采取积极招揽人才、拓宽知识获取渠道以及继续给予政策支持等方式扶持集群发展。

第 5 章

我国农机产业集群可持续
发展的动力机制

集群可持续发展的动力机制指的是在一定的动力因素条件下，促使产业集群发展和演化的，具有稳定结构的内生力量和运行规则。福雷斯特（Forrester）教授提出的系统动力学原理指出，系统动力学可以在解决具有非线性、复杂反馈机制这两个特点的社会经济问题方面富有优势，从而得到了广泛的应用。根据系统动力学的观点，基于前文对农机产业集群特征的描述和农机产业集群形成机理的分析，本书认为：农机产业集群可持续发展的动力机制是由多个不同功能的部分组成的一个动态系统，其构成部分包括农机产业集群动力的形成基础、作用因素和形成路径这三个要素，要素之间的因果关系以及要素之间流的积累、反馈与流动。

成熟的动力机制可以迅速将相关要素变成竞争强项，可持续发展过程正是农机产业集群树立自身竞争优势的过程，更是其发挥集聚效应给其内部各成员组织带来效益的过程。当动力机制不断成熟时，农机产业集群的竞争优势就不断提高。需要强调的是，本章提及的可持续发展不再是早期的仅注重长远发展的经济增长模式，而是注重经济、社会、环境和文化四方面协调发展。

5.1 我国农机产业集群可持续发展的系统动力学特征

5.1.1 系统动力学研究农机产业集群可持续发展的适用性

1. 系统动力学概述

系统动力学（system dynamics）是一门用来分析和研究信息反馈系统、挖掘系统问题并解决系统问题的具有综合性和交叉性的学科。美国麻省理工学院福雷斯特教授最早在其《工业动力学》专著中提出了这一概念，书中他在社会、经济研究中应用了计算机科学和反馈控制理论。系统动力学方法使用规范的、定量的计算机语言来构建模型，系统动力学理论有两个重要观点：第一，因果关系是构成动力学模型的基础；第二，尽管外界因素也会对系统产生一定影响，但并不起主要作用，所以厘清集群系统内部结构与发展机理就能将预测系统未来的行为模式与发展趋势变为可能。

2. 农机产业集群可持续发展的动态性

农机产业集群内的个体—企业，是具有主动性和智能性的主体。企业对环境有基本的适应能力，能在环境发生变化时，通过转型升级来重塑自身。但企业本身也是个矛盾体，被视为一个非均衡的动态系统，并通过辩证的方式向前发展。农机产业集群适应环境的过程，部分是由集群内的企业主动选择，部分是因环境竞争，企业运用学习和创新能力将知识组合形成新产品和新知识的过程。在集群发展过程中，因不断学习和创新，群内企业间的互动成了一个不断进化的动态过程。

3. 农机产业集群可持续发展系统内部存在多重反馈联系

农机产业集群内各企业之间经常进行反复的互动，这种相互作用通过企业间的传导机制得以扩散，并最终反馈作用于自身，这在宏观上表现为反馈效应。在正反馈机制作用下，产业集群系统中的因果关系变得十分模糊，任何一个因素的变动，都会带来集群发展轨迹的巨大差异。

因此，利用系统动力学模型来模拟农机产业集群可持续发展动力机制的仿真过程有以下优势：（1）可以模拟影响农机产业集群发展的各因素间的作用机理，再通过仿真分析可再现集群持续发展的动力机制；（2）因果关系图可以非常直观地看出系统各因素之间的相互关系，并把各反馈回路清晰地表达出来；（3）经过有效性检验后的系统动力学模型可以对集群非线性的涨落过程进行动态仿真，变换输入参数关系和值可以得到不同的仿真结果，从而对集群进行长期的战略动态分析；（4）系统动力学模型可以规避数据缺失，农机行业数据统计工作难度大，尤其是区域数据更是不易获得，系统动力学模型可根据变量之间的相关性使用现有数据对目标问题进行模拟。

综上所述，本章选用系统动力学模型对农机产业集群可持续发展动力机制进行模拟是合适的。

5.1.2　农机产业集群可持续发展的动力因素分析

经济学意义上的动力具有四个特性：一是方向性，如果动力作用跟事物发展方向一致，则叫推动力，反之则叫阻力；二是动态性，动力的方向、大小和要素总在变化，随着时间推移，内生动力逐渐积累和强化，外生动力逐步弱化并由新生动力所替代；三是累加性，事物发展是多种力量综合的结果；四是系统性，任何事物都是由复杂的系统要素构成的有机整体，要素间相互作用、相互依赖，各要素之间存在着非线性的、复杂的相互作用关系。

关于产业集群的动力机制研究，前人也做了很多尝试，贝斯特（Best）认为专业化、知识外溢、水平整合及再整合和技术多样化这四种主要动力依次对集群的发展产生作用，并形成循环状的稳定结构，即主体动力机制。魏守华对基于社会资本的地域分工、合作效率、外部经济和技术创新与扩散这四种动力进行了整合，建立了产业集群动力机制及竞争优势的结构图，还以浙江嵊州领带产业集群作为实证案例验证分析了集群动力机制的作用。基于前文对农机产业集群理论分析和发展动力研究基础，本书将农机产业集群可持续发展的动力归结为以下四方面。

1. "根植性"动力

美国学者格拉诺维茨（Granovetter）认为"根植性"（embeddedness）就是经济行为对区域环境的依赖性，指的是经济行为深深地嵌入了社会关系之中。集群中的成员企业和机构不仅地理上接近，而且它们之间有很强的经济联系、社会联系、文化联系和政治联系等。产业集群长期积累的地理区位、资源、知识、制度和文化等本地化要素，是集群的生产体系在地理集中和本地根植性难以复制的主要原因。根植性为集群提供了区域环境，包括社会历史文化、制度安排、价值观念、经验类知识和关系网络等，是集群发展的基础。根植性的具体划分和含义参看表 5 - 1。

表 5 - 1　　　　　　　　　　　根植性的含义

类别	含义	表现形式
认知根植性	主要指人的经验，包括具有地方文化、世界观、信仰以及不可言传的默会知识	经营观念、行为意识 创新和合作精神
社会根植性	大量可增强企业之间的亲密度、提高合作频率从而降低交易成本的社会资本	丰富的社会资本

续表

类别	含义	表现形式
组织根植性	灵活专业化以适应市场多变性 紧密联系的价值链网络效率更高 开放的集群组织更能抵御风险和利用环境资源	专业化的分工与合作机制 大学、科研中心、商业服务机构等组合而成的本地化复杂价值链网络
制度根植性	良好的制度机制有利于降低成本、缩小差异，有利于激励集群企业内个人和组织能动性	不同层次社会结构与金融、政治与经济特征的组合
地理根植性	生产地、原料地和市场地三者距离最短、运费最低的区位地理优势更明显	地理资源禀赋、区位要素

这五类根植性之间并不是孤立地对集群可持续发展产生作用，而是通过它们的相互联系，促进集群获取整体竞争优势。不过，它们的作用发挥到一定程度之后，集群将会表现出锁定、僵化和竞争压力降低等特征，因此，在实践中要把握好根植的"度"，保持集群的开放性。

2. "创新性"动力

创新模式分为探索性创新和利用性创新。集群企业如要获得竞争优势，核心的资源要素之一便是获取新知识的能力。探索性创新是不断发现和尝试新知识，在新知识的学习和获取中企业能发现新的发展机遇，从而增强可持续的竞争优势。探索性创新具有一定风险，但是风险也孕育着机会，企业的长期竞争力和预期收益离不开这种创新模式。

相较于探索性创新，利用性创新能改进和提高企业现有的知识和技术水平。该种创新模式主要用于增加企业收入，使企业在短时间内获益。企业一般采用利用性创新来提高和完善现有产品知识、流程和工艺。虽然利用性创新代表的创新程度和回报率都低于探索性创新，但风险比较小，成功概率高。因为很多农机企业发展规模较小，获取资源能力有限，所以利用性创新更为常见。

当前，我国农机产业集群多以低成本为基础而非以创新为基础，简单"扎堆"现象比较多见，大多数农机生产企业比较关注销售市场，对产品质量的提高和技术创新关注度不高，缺乏核心技术和知识产权，竞争优势主要依靠低成本、低价格来维持，模仿和跟进战略造成大宗农机产品同质化竞争严重，从而形成产能过剩。农机产业集群的可持续发展，关键在于较低的成本，较强的创新能力，对内表现为在发展过程中农机产业集群拥有足够的质变能量，对外则表现为持续的竞争优势。创新同时也是绿色理念的需要，截至 2016 年 12 月 1

日，"国Ⅱ"产品已全面淘汰，刚步入"国Ⅲ"阶段之时，"国Ⅳ"标准又已抵达，为达到国际上较高要求的排放标准，突破部分国家酝酿通过提高排放标准对本地工业实行的贸易保护，对农机产品进行持续创新显得非常有必要。

农机产业集群作为产业的独特技能或能力聚集地，非常利于科技创新活动的开展，从而使得创新的费用和成本压力大幅度降低。农机产业集群的"创新性"动力可以归结为以下三方面。

（1）集群内的科技创新。农机企业通过技术创新活动去适应市场的不断变化、协调好集群发展与环境的关系以及与周边自然、生态、经济与社会保持和谐关系。在这种背景之下，科技创新不能单单只考虑集群生产效率的提高，还应该考虑科学技术对自然生态环境与社会环境的作用。确保环境清洁、生态平衡、社会稳定是科技创新必须要考虑的问题，从而实现商业价值与社会价值和生态价值协同发展，最终达到实现集群的可持续发展的目的。

（2）集群内企业知识创新。农机企业需要不断创造新知识以适应市场环境变化和形成动态竞争优势。这些知识分为显性知识和隐性知识。显性知识通常可以通过书籍、数据库等直接获取，并且易于传播和扩散。隐性知识则是存在于个体之中，有特殊背景的知识，高度专有化，不易规范化，不易传播，不易共享，只能在有经验的两人之间进行传递，或者有足够专业知识的人才能传递。企业通过组合加工隐性、显性知识，融合进已有知识系统，实现知识创新，知识溢出效应可以大大降低集群内的企业获取知识的成本，增强了农机产业集群知识源的再生能力和可持续发展能力。

（3）集群创新网络的构建。大学及科研机构是集群的知识供给机构，可以为集群的创新提供各种新思想、新知识和新技术，通过教育、培训和成果转化参与集群企业的创新活动中。企业获取信息和知识的主要渠道是企业间、企业与其他组织间所形成的复杂网络，在创新网络中，农机企业不仅可以借助于知识和技术溢出效应突破技术创新困境，还可以通过建立互惠互利的交易规则，共同分享创新所带来的效益。

3. "外部性"动力

"外部性"动力包括两个方面，即政府行为和竞争环境。政府行为的外部性是指其弥补市场缺陷的过程中，对相关团体造成了成本增加的影响或者给相关团体带来了额外收益的影响。政府行为的第一个形式是集群政策。政府主要用来解决市场和系统不能自行解决的问题，通过减少时间浪费和避免能量损失来提高集群的效率。此外，政府开发的集群发展项目也能激发集群成长，如丹麦政府为集群推出的"产业网络协作项目"致力于提供金融服务；葡萄牙政府和瑞典创新机构为扶持产业集群的科技创新，分别推出了"联合创新支持计划"和"全国性项目计划"。这些专门的发展项目致力于解决集群发展中的不足、解决某类危机，以及寻找突破口便于集群更新和升级。政府行为的第二个形式是鼓励投资。投资包括国内投资和国外投资，这两种投资均可以解决集群发展的资金问题，对内直接投资可以利用国外跨国农机企业的知识来提升本国集群的管理水平，学习国外先进的制造技术以提升技术创新水平，进而提高集群的生产效率。集群中的龙头企业大都是大型国有企业，政府行为对这些企业的发展作用很大。政府部门应创造优良的外部服务环境为重要目标，构建集群品牌战略平台，促进同类企业以低成本进行规模升级，进而实现农机产业集群的可持续发展。另外，政府在信息平台建设、举办行业交流会方面也能给予大力支持。

竞争环境包括国内外竞争环境，全球经济一体化趋势决定了集群必须参与外部竞争，尤其是国际市场竞争，才能在全球价值链和生产网络中赢得优势地位，掌握竞争的主动权，集群的竞争力才能得以提升，最终获取国际竞争优势。农机产业集群内部如缺乏国际化战略将会变得非常脆弱，集群的竞争优势和持续发展要求产业内部必须走国际化道路。而且对于那些有所准备的、具有国际观和国际客户的产业，即便遭遇集群解体，也能避开"骨牌效应"。

4. "市场需求"动力

农机市场需求制约着农机产业集群的可持续发展。我国农村经济发展迅速，消费结构呈现一些新的特点，高端产品需求逐年增加，专业化和个性化需求突出，品牌化营销趋势逐渐显现，现有农机企业的产品生产能力不再满足市场需求，农机企业势必会在科技创新方面投入更多力量，从而使得集群综合生产能力和市场竞争力得到提升。同时，国内外市场需求的不断增加，为农机新企业进入集群创造了机会，从而集群的规模得到扩张。市场需求的增加有助于农机小企业实现规模经济和规模效益，促使农机产业集群不断发展。

5.1.3 农机产业集群可持续发展的动力机制

产业集群发展的动力因素由于产业不同而各有差异，如浙江产业集群发展的动力因素主要来自数量众多的中小企业；意大利产业集群的成功源于持续创新的工业设计，源于根植于本地社会文化的高素质设计师以及本地协作的产业文化；印度班加罗尔软件产业集群的持续发展主要得益于当地政府制定的行之有效的集群政策；而中关村科技园区的产业聚集则是市场演进和政府引导的成果。本部分结合前文对农机产业集群动力因素的分析，结合农机行业特点，构建了我国农机产业集群的动力机制框架（见图 5－1），试图在框架中体现农机产业集群发展的动力因素，为建立系统动力学模型奠定理论基础。

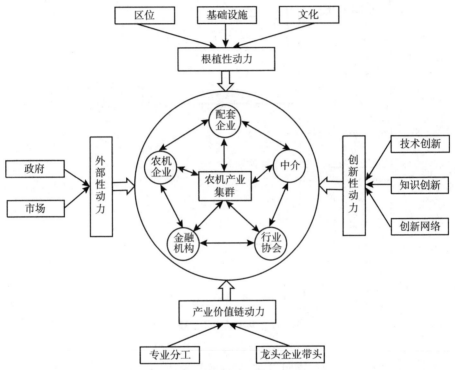

图 5－1 农机产业集群可持续发展动力机制

5.2 我国农机产业集群可持续发展的系统动力学模型

5.2.1 系统动力学建模步骤

系统动力学建模流程参见图 5－2。

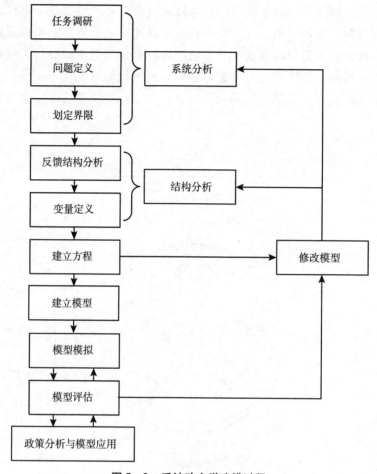

图 5 - 2　系统动力学建模过程

（1）明确建模目的。即首先要明确想要解决的问题和想要达到的结果。通常来讲，利用系统动力学来进行模拟实验就是为了了解系统，清楚系统的结构，预测系统将来的行为，为制定合理政策建议提供支持。

（2）厘清系统边界。要考虑系统的时限和空间范围，既不漏掉重要的因素，又不把关联不大的因素包含进来。

（3）提出一系列系统动力学假设，然后将假设表示成数学关系的组合。

（4）设计因果关系图和系统流图。

（5）给存量流量图中的各个参数赋值，根据参数之间的关系编写系统动力学方程，同时确定参数的取值，参数之间因果关系，以及设定模型的初始化条件。

（6）模型仿真。将仿真值与真实值进行比对，通过对模型调整，确保误差在 – 10% ~ 10% 之间，使得模型有效。

（7）灵敏度检验和仿真结果分析。通过调整参数对模型的灵敏度进行检验，选取对模型运行结果产生较大影响变量作为政策调控的关键点。

本书借助 Vensim 模拟软件展开研究。由美国 Ventana 公司研发的 Vensim 是现今应用最为广泛的、专门针对反馈系统设计的系统动力学模拟软件。Vensim 软件采用画图的方式进行建模，免除了复杂的计算机编程过程。根据变量之间的关系画出结构流图，再赋予变量相应的值和变量方程就可以对系统进行模拟仿真。

5.2.2　模型的相关界定

1. 系统目标的确定

本章的研究内容是分析农机产业集群可持续发展的动力机制，建立系统动力学模型的目的就是找到最能表征农机产业集群可持续性发展的动力因素，并且有助于定量研究，通过构建因果关系图，研究集群可持续发展的动力机制各因素的动态关联性。

2. 模型假设

本书建立的系统动力学模型基于以下一些基本假设：

假设 1：农机产业集群可持续发展动力系统的运行是连续的。

假设 2：不考虑不可抗因素的影响。

假设 3：模型主要考虑农机产业集群整体的投入产出，对于内部具体某个企业行为不予考虑。

3. 系统边界

系统的边界就是系统内、外部因素的分界线。之所以确定边界，就是为了排除边界外部因素的干扰。因农机产业集群发展的因素会随着时间变化产生不同的作用，影响因素非常多，在研究时，应先选取主要因素来确定系统边界。根据第二章可知，农机产业集群可持续发展涉及主体（集群内农机企业，包括整机生产企业、农机配套生产企业等）、客体（资源）、环境（自然环境、人文环境、社会环境和经济环境）、相关辅助机构（政府、科研、金融、中介机构、行业协会等机构），结合上一节的分析，可将区域经济投入因素、市场需求因素、创新因素等动力因素直接作为"农机产业集群可持续发展动力系统"的边界。

5.2.3 农机产业集群动力因素的因果关系结构图

1. 农机产业集群可持续发展影响因素因果关系结构图

考虑到数据的可获得性，本书从区域经济动力因素、创新动力因素、市场需求动力因素三个角度来构建因果关系图。农机产业集群可持续发展的因果关系结构图可以从不同的方面在微观层面解释农机产业集群可持续发展的动力机制，以上三个因素流相互影响，构成农机产业集群可持续发展的整体因果关系结构图（见图5-3）。

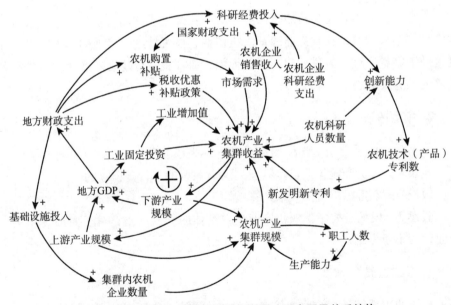

图5-3 农机产业集群可持续发展影响因素因果关系结构

2. 农机产业集群可持续发展影响因素因果关系关键反馈回路

通过分析农机产业集群可持续发展影响因素因果关系结构图，将对可持续发展影响最大的三个反馈子系统进行关键回路归纳，现将区域经济动力子系统、创新动力子系统、市场需求动力子系统关键反馈回路提取如下：

（1）区域经济动力子系统反馈回路。本节主要研究区域经济投入对农机产业集群可持续发展的影响。区域经济投入包含政府投入、金融机构投资和企业投资等。政府投入一是指在区域内基础设施方面的投入，集群内企业可以共享集群内现代化的基础设施、便利的交通通信工具以及配套的生产服务设施等；二是指财政支出中用于科研经费的投入。因农机产业集群是制造业产业集群，其规模的扩大依赖于经济的投入，尤其是固定资产投资。农机产业集群的成长需要雄厚的资本支撑，因此，设定以下变量来代表区域经济投入，即固定资产投资及其增长率、工业固定资产投资及其投资比例。

农机产业集群的集聚会形成集群辐射效应，同时形成区位向心力。因此，区域经济的正反馈机制会使得农机集群整体进一步发展，带来更大的外部经济效应，其反馈回路如图 5 - 4 所示。

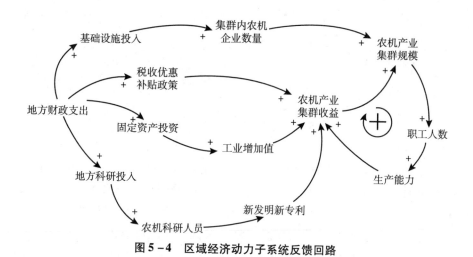

图 5 - 4　区域经济动力子系统反馈回路

图 5 - 4 的反馈回路图中，形成了一个正向反馈环。农机产业集群收益的增加，能带来 GDP 的增加，从而得到地方政府和金融机构的重视与支持，为了继续保持农机产业规模化发展和 GDP 的稳步增长水平，政府会继续增加工业固定资产投资，投入越多，集群的收益会增加。

（2）创新动力子系统反馈回路。创新是农机产业集群发展的持续动力，对产业集群而言，创新一方面依赖着产品质量的改进、生产方式、效率与技术的提高以及新的市场空间与产业环节的发现，另一方面涉及集群创新系统与创新网络的构建。其反馈回路如图 5 - 5 所示。

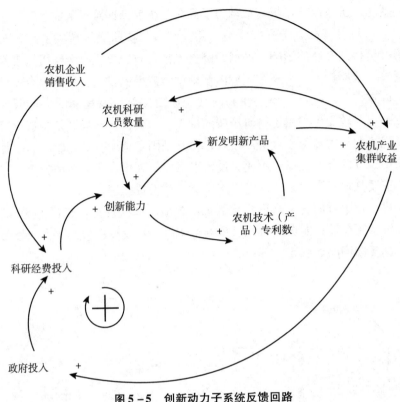

图 5 - 5　创新动力子系统反馈回路

运行原理：科研经费的投入力度、政策的扶持力度、市场集中度、企业家因素等对创新动力起到正反馈的作用，集群内部的创新动力意味着集群可以在技术、管理理念等层面保持前沿地位，最终实现集群产值的可持续增长。

（3）市场需求动力子系统反馈回路。农机产品的市场需求主要以国内市场为主，国外市场为辅。国内市场包括四个方面：一是农机大户，二是家庭农场，三是农机合作社，四是农民。本书考虑到数据可获得性，设定农机产业国内市场需求及其增长率、国外市场需求及其增长率这四个变量来代表市场需求（见图 5 - 6）。

如图 5 - 6 所示，农机市场需求越大，销售收入会增加，农机产业集群收益就会增多，收益增多会激励企业增加研发投入，研发投入的增加有助于吸引更多的研发人员加入企业科技创新活动中，最终增加农机企业的新产品和新发明，从而为农机产业集群带来更多的收益。

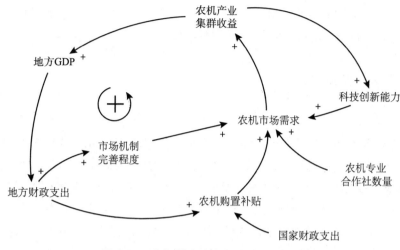

图 5 - 6　市场需求动力子系统反馈回路

5.3　我国农机产业集群可持续发展的系统动力学模型仿真

本节在前面几节对我国农机集群持续发展动力机制的因果分析的基础上，拟建立山东农机产业集群系统仿真模型流图，通过区域经济投入动力因素、创新动力因素和市场需求动力因素对于集群总产值的灵敏度分析，研究各影响因素对集群可持续发展的动力贡献度。

5.3.1　山东农机产业集群可持续发展动力系统仿真模型流图

本节基于系统动力学的思想，结合前文农机产业集群可持续发展动力因素分析，将构成系统的各要素定量化，建立山东农机产业集群可持续发展动力系统仿真模型流图，考虑到农机购置补贴是直接补给农民，拉动农机市场需求，其补贴金额已间接转为农机销售额，两者的数量关系缺乏统计数据，难以进行定量描述，故而在系统中不单独体现农机购置补贴的贡献。在模型流图中，将地方财政支出、国内外市场需求、农机产业集群研发经费、固定资产投资额设定为模型的状态变量；将研发投入、固定资产投资、新专利以及国内外市场销售的增加值设定为模型的流量；将系统的其他变量参数设定为模型的辅助变量；选取综合变量即山东农机产业集群的发展作为模型的输出变量。因 Vensim PLE 软件具有很好的交互功能，且使用方便，故而采用该款软件绘制山东农机产业集群可持续发展系统流图（见图 5 – 7）。

5.3.2 变量方程

本书将采用 2010 ~ 2014 年的山东农机工业的相关数据，数据主要来源于《中国统计年鉴》《山东统计年鉴》、中国农机工业协会、山东农机工业协会。

在进行仿真前，需要确定系统的参数值，参数的确定原则就是与模型结合，尽量减少系统误差。参数确定后再通过模型的有效性检验进而判断参数设置的合理性。本书设定的模型的初始值为 2010 年末的数据，常数值的估计是通过统计资料和专家估计得到，模型中部分参数采用 2010 ~ 2014 年共 5 年的平均值。采用计量方法，借助统计数据把农机产业集群可持续发展动力要素之间的关系抽象成公式，从而获得变量的输入方程如下：

（1） FINAL TIME = 2019

Units：Year 仿真结束年为 2019 年

（2） INITIAL TIME = 2010

Units：Year 仿真起始年为 2010 年

（3） SAVEPER = TIME STEP

（4） TIME STEP = 1

仿真步长为一年

（5） 集群研发人员 = 集群科研经费 × 2.57 – 17620

Units：人

（6） 集群研发经费增加值 = 农机企业利润 × 投入比例

Units：万元

（7） 投入比例 = 0.02

（8） 集群研发经费 = INTEG（集群研发经费的增加值，10000）

Units：万元

（9） 劳动成本 = 职工人数 × 职工工资

Units：万元

（10） 职工人数 = 110000（取 2010 ~ 2014 年山东农机行业年均从业人数）

Units：人

（11） 职工工资的增加值 = 职工工资 × 职工工资增长率

Units：万元

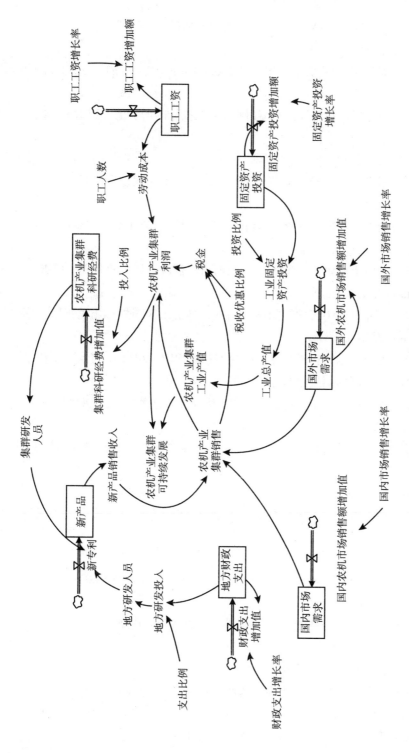

图5-7 山东农机产业集群可持续发展系统仿真模型流

（12）职工工资 = INTEG（职工工资的增加值，2.7773）

Units：万元

（13）职工工资增长率 = 0.1314（取 2010 ~ 2014 年的职工工资的年均增长率）

（14）固定资产投资 = INTEG（固定资产投资的增加值，232766900）

Units：万元

（15）固定资产投资增长率 = 0.1624（取 2010 ~ 2014 年的平均增长率）

（16）固定资产投资的增加值 = 固定资产投资 × 固定资产投资增长率

Units：万元

（17）国内市场需求 = INTEG（国内市场销售的增加值，初始值）

Units：万元

（18）国内市场销售的增加值 = 国内市场需求 × 国内市场销售增长率

Units：万元

（19）国外市场销售的增加值 = 国外市场需求 × 国外市场销售增长率

Units：万元

（20）国内市场销售增长率 = 0.1422（取 2010 ~ 2014 年的年均增长率）

（21）国外市场销售增长率 = 0.0707（取 2010 ~ 2014 年的年均增长率）

（22）国外市场需求 = INTEG（国外市场销售的增加值，4900000）

Units：万元

（23）地方研发人员 = 250.2052 × 地方研发投入 + 114273.9（使用 EViews 软件拟合）

Units：人

（24）地方研发投入 = 地方财政支出 × 支出比例

Units：万元

（25）支出比例 = 0.17

（26）地方财政支出 = INTEG（财政支出增加值，41450300）

Units：万元

（27）工业固定资产投资 = 固定资产投资 × 投资比例

Units：万元

（28）投资比例 = 0.2664

（29）工业总产值 = 工业固定资产投资 × 11.1215 + 187198211

Units：万元

（30）新产品 = INTEG（新专利增加值，137）

Units：件

（31）新专利 = 集群研发人员 ×0.026 − 171.8

Units：件

（32）新产品销售收入 = 新产品 ×500

Units：万元

（33）农机工业产值 = 工业总产值 ×0.0068

Units：万元

（34）农机产业利润 = 农机企业销售 − 劳动成本 − 税金

Units：万元

（35）税收优惠比例 = 0.24

（36）税金 = 农机企业销售 ×0.25 ×（1 − 税收优惠比例）

（37）农机企业销售额 = 国内市场需求 + 国外市场需求

Units：万元

（38）农机产业集群发展规模 =（农机产业利润 + 农机工业产值）/100

集群研发人员和集群研发投入、工业总产值与工业固定资产投资额、新专利数和研发人员这三对变量之间的关系，运用 Excel 工具计算和 EViews 软件进行线性回归分析，根据回归分析的结果确定变量之间的数量关系，各 R^2 值大于 0.8 并通过了 F 检验。系统中需要用到的参数值参见表 5 − 2。

表 5 − 2　　　　山东农机企业集群可持续发展动力系统主要变量值

变量	2010 年	2011 年	2012 年	2013 年	2014 年
地方研发经费（万元）	6720000	8443800	10203300	11758000	13040700
集群研发经费（万元）	10000	18000	31000	40000	50000
集群研发人员（人）	10460	14198	19485	24486	23606
职工人数（人）	106100	108900	111600	112800	111000
职工工资（万元）	2.7773	3.2069	3.6833	4.1202	4.5519
地方政府财政支出（万元）	41450300	50020700	59045100	66888000	71773100
固定资产投资（万元）	23276690	26767300	312559600	367890700	424955500
农机工业总产值（万元）	6158000	7067000	7542000	8343000	9590000
工业总产值（万元）	838514000	995049800	1147072900	1299060100	1414150200

续表

变量	2010 年	2011 年	2012 年	2013 年	2014 年
农机工业利润总额（万元）	720000	807000	879000	979000	1050000
国内市场销售额（万元）	4900000	5600000	6450000	7080000	8340000
国外市场销售额（万元）	92000	101000	110700	107200	120900
农机专利数（个）	137	157	305	449	490

资料来源：2011~2015 年《山东统计年鉴》、山东农机工业协会、中国农业工业协会。

5.3.3　模型的有效性检验

系统动力学模型的有效性检验分为两种：一种是稳定性检验，另一种是历史性检验。

1. 稳定性检验

农机产业集群可持续发展动力因素较多，且各个因素之间关系复杂，因此，在模型的设计过程中，如果忽略了关键的动力因素会使模型对参数的依赖性过大，导致模型的不稳定，主要表现为，对模型参数的细小改动会严重影响模型的运行结果甚至得出违背常识的结论。为了考察山东农机产业集群可持续发展动力机制的系统动力学模型运行是否会因为变动而产生不合常理的结果，即考察模型的稳定性。本书借鉴前人的做法，分别选取不同的仿真步长进行仿真模拟分析，设定步长分别为 0.25、0.5 和 1 进行仿真，农机产业集群利润仿真比较结果如图 5-8 所示。从图中可以看出，改变仿真步长基本没有改变农机产业集群利润的总体变化趋势，系统是稳定的。

2. 历史性检验

为确保模型运行结果可信，需要对模型进行有效性检验。通常的检验方法便是将模型的仿真数据与统计真实值进行对比，计算模型运行的仿真值与统计真实值之间的误差，如果模型的仿真结果与实际数值差异较大，说明模型的拟合优度不好或有缺陷，或模型不适用于研究问题。本书对相关数据进行了历史数据检验，检验年是 2011~2014 年，如表 5-3 到表 5-6 所示。

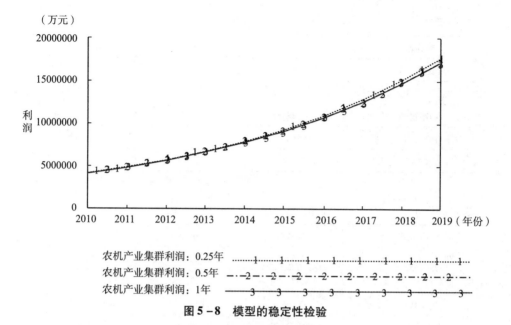

（万元）

利润

农机产业集群利润：0.25年 ········1···1···1···1···1···1···1···1···1···

农机产业集群利润：0.5年 ─·─2─·─2─·─2─·─2─·─2─·─2─·─2─·─2─·─

农机产业集群利润：1年 ──3──3──3──3──3──3──3──3──

图 5 - 8　模型的稳定性检验

表 5 - 3　　　　　　　　　2011 年部分数据的模型有效性检验

参数名称	真实值	仿真值	误差（%）
职工工资（万元）	3.2069	3.1424	2.02
农机产业集群工业产值（万元）	7067000	6970850	1.36
国内市场销售额（万元）	5600000	5596780	0.06
地方财政支出（万元）	50020700	47550700	4.94
集群研发人员（人）	14198	12836	9.59

表 5 - 4　　　　　　　　　2012 年部分数据的模型有效性检验

参数名称	真实值	仿真值	误差（%）
职工工资（万元）	3.6833	3.5550	- 3.48
农机产业集群工业产值（万元）	7067000	7740485	9.53
国内市场销售额（万元）	5600000	5904640	5.44
地方财政支出（万元）	59045100	54545500	- 7.62
集群研发人员（人）	19485	17809	- 8.60

表5-5   2013年部分数据的模型有效性检验

参数名称	真实值	仿真值	误差（%）
职工工资（万元）	4.1202	4.0220	-2.38
农机产业集群工业产值（万元）	7542000	8164969	8.26
国内市场销售额（万元）	7080000	6392640	-9.71
地方财政支出（万元）	66888000	62569100	-6.46
集群研发人员（人）	24486	23164	-5.40

表5-6   2014年部分数据的模型有效性检验

参数名称	真实值	仿真值	误差（%）
职工工资（万元）	4.5508	4.5519	0.02
农机产业集群工业产值（万元）	9590000	9834460	2.55
国内市场销售额（万元）	8340000	8339970	-0.01
地方财政支出（万元）	71773100	71730000	-0.06
集群研发人员（人）	26503	24486	-7.61

由表5-3到表5-6可知，2011~2014年仿真值与真实值的误差多介于±10%之间，说明模拟仿真的结果与实际数据相差无几，达到了模型精度要求，说明山东农机产业集群可持续发展系统动力学模型能代表实际情况，可利用模型进行仿真模拟和政策分析。

5.3.4　灵敏度模拟分析

灵敏度分析就是通过改变某个特定自变量所引起的因变量的变化，从而确定参数或者结构变化对系统的影响程度，包括参数灵敏度分析和结构灵敏度分析。结构灵敏度分析研究的是系统内因素间因果关系的变化对仿真结果的影响。本书研究的是农机产业集群的可持续发展动力机制，因果关系早已确定，因此只进行参数灵敏度分析。模型参数是否灵敏主要取决于改变模型的参数值后，模拟仿真得到的曲线变化是否明显，如模拟曲线变化大，则可以认为模型参数较灵敏，如模拟曲线变化不大，则可以认为该参数不灵敏。

本节将2010年设定为基础情境，通过灵敏度分析来研究参数值变化对农机产业集群发展水平的影响。

1. 集群固定资产投资增长率的灵敏度分析

固定资产投资不仅包括新增固定资产投资，还包括对已有固定资产改造的投资。通过查阅统计年鉴计算得出山东固定资产投资年均增长率为 0.1624，这也是基础情境下的取值，将这个值分别调增和调减 1%，通过模拟仿真来对比分析固定资产投资增长率的变动对农机产业集群的影响，仿真模拟结果如图 5-9 所示。

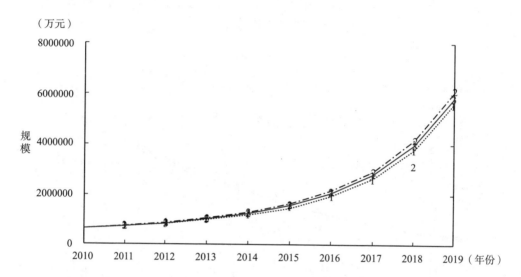

（万元）

农机产业集群可持续发展：固定资产投资减少　·········1·········
农机产业集群可持续发展：固定资产投资增加　—·2·—·2·—·2·—
农机产业集群可持续发展：Current　—3—3—3—3—3—3—

图 5-9　固定资产投资率变化对农机产业集群可持续发展的影响

由图 5-9 可知，自 2016 年起，改变固定资产投资增长率之后，三种情境下农机产业集群发展的差别在逐年加大。根据模拟仿真结果，将固定资产投资增长率提高 1% 时，在 2019 年，农机产业集群可持续发展规模达到 611058 万元，比基础情景下的 586247 万元多出了 4.2%，增长幅度较明显。

由图 5-9 还可知，在其他条件不变时，农机产业集群的发展与固定资产投资增长率的变化呈正相关关系。在固定资产投资增长的前几年，因为固定资产投资具有长期性和实质性，基础设施建设需要周期，投资增长率对集群发展的影响不显著。由图 5-9 可知，在 2019 年，将固定资产投资率提高 1% 时，农机产业集群发展水平比固定资产投资减少和不变的情况都要高，这说明固定资产投资增长率的增加对农机产业集群发展有重要的影响作用。

2. 集群研发投入比例灵敏度分析

随着山东农机工业发展，近几年山东农机企业整体效益逐渐增加，企业在研发经费方面的投入持续增长。2014 年山东规模以上农机企业投入企业研发经费为 5 亿元左右，比 2010 年增长 4 亿元。但相比农机企业的销售收入还不到 3%，也达不到制造业的平均水平，这说明在农机企业研发经费投入方面还需要加大力度。模拟时，研究将研发投入比例在基础情景上增加和减少 1%，再对比三种情况下农机产业集群的发展趋势，结果如图 5 - 10 所示。

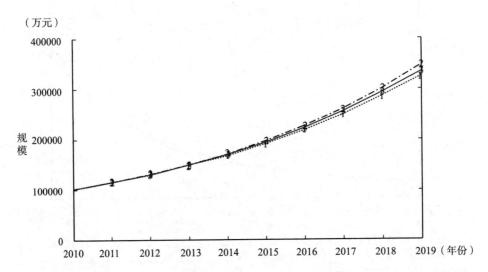

图 5 - 10　农机产业集群研发支出比例变化对农机产业集群可持续发展的影响

根据灵敏度分析的结果，在增加 1% 的情境下，在 2019 年，农机产业集群可持续发展规模达到 347069 万元，比基础情景 336032 万元多出了 3.2%。从图中可以看出，在其他条件不变的情况下，随着研发投入比例的增加，新专利数增加，农机企业技术创新水平提高，新专利和科研成果转化加快，从而提高新产品销售收入，农机企业获得利润增加，集群获得可持续发展。

3. 税收优惠比例的灵敏度分析

目前，农机产品目前适用 13% 增值税税率，对符合高新技术企业认定标准的农机企业，企业所得税税率按 15% 征收，税收优惠的比例为 4%。目前未有关于农机方面的新的财税政策，但可以预见的是，未来对农机企业的财税补贴会减少。基于此，可以研究税收优惠补贴为 0 的情境下山东农机产业集群可持续发展的状况，通过与基础情境进行对比，分析改变税收优惠补贴对集群发展的影响，运行的仿真结果参见图 5 - 11。

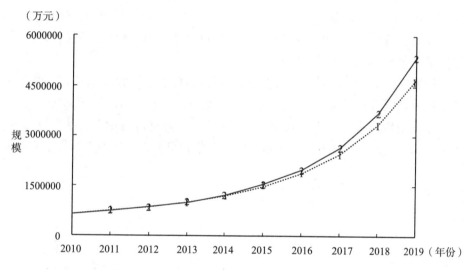

图 5 - 11　税收优惠变化对农机产业集群可持续发展的影响

从图 5 - 11 中可得知，在不改变其他参数变量的情况下，税收优惠补贴比例减少对农机产业集群发展产生较大影响，在山东农机产业集群建设发展之初，当地政府通过财税优惠政策吸引农机企业入园，形成农机产业集聚优势，但随着集群规模的扩大，优惠政策对集群的影响将逐渐变小，这时政府可以把这一部分支出投入技术研发中用以提高集群的科技创新水平，增加新产品和新发明的数量，提高集群的整体经济效益，促进产业集群可持续发展。

此外，因缺乏相应的数据支撑，系统模拟时尚没有考虑到 2016 年国家税务局推行的"营改增"政策对农机产业的影响，但从"营改增"内容来看，该项政策的实施对于农机生产企业，尤其是小型农机企业税负下降影响明显，预期将在一定程度上促进农机产业的发展。

4. 国内外市场增长率参数灵敏度分析

农机集群的发展要深入研究国内市场变化趋势，充分挖掘市场潜力，再结合市场需求来组织集群生产具有比较优势的农机产品。要针对高端农机产品、智能化、个性化农机产品市场需求增加的趋势，结合国家和地区农机行业发展规划，提高集群的生产能力和技术水平，提升集群的竞争力，同时，也要积极开拓国际市场，将东南亚市场作为主要出口市场。在基础情境中，研究将国内外市场销售增长率调增 1% 和调减 1% 对农机产业集群可持续发展的影响，模拟结果如图 5 – 12、图 5 – 13 所示。

根据模拟结果，国内市场销售增长率增加 1% 时，2019 年农机产业集群可持续发展规模达到 353232 万元，比基础情景下的 336275 万元多出 5.04%。而国外市场销售因占比太小，增加 1% 对农机产业集群可持续发展基本没影响。由图可知，其他值恒定时，国内市场需求对集群可持续发展的影响大于国外市

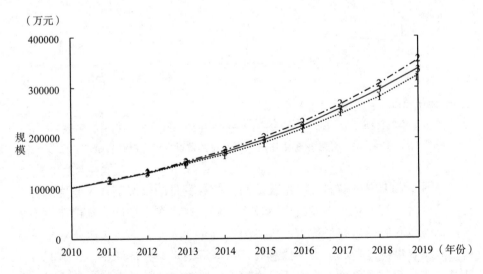

图 5 – 12　国内市场需求变化对农机产业集群可持续发展的影响

场需求，说明山东农机产业集群的市场主要集中在国内。因此，要坚持市场导向和政策扶持相结合原则，根据国内外市场需求变化情况和农业装备发展趋势，培育发展具有地域特色和资源优势的新兴农机装备产业，以经济作物、蔬菜、林果及畜牧机械等为重点，发展增产增效、资源节约、环境友好型新技术、新产品、新装备，提高山东农机在全国的市场占有率和综合竞争力。

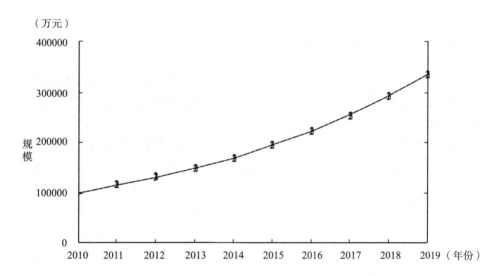

图 5 – 13 国外市场需求变化对农机产业集群可持续发展的影响

5.3.5 仿真结果分析

通过上一节的灵敏度分析可知，保持其他值不变，固定资产投资增长率、国内市场销售增长率和研发投入比例这三个变量的取值不同对农机产业集群可持续发展的影响较大，也就是说，这三个参数相对比较敏感。本节为验证上述结果的可靠性，拟构建相应的参数组合，重点对这三个参数进行研究。根据 2010～2014 年的取值，将取值加以组合进行分析，参数的真实值参见表 5 – 7。

表 5 – 7   2010 ~ 2014 年部分参数的真实值

变量	2010 年	2011 年	2012 年	2013 年	2014 年
固定资产投资增长率	0.144	0.150	0.168	0.177	0.155
集群研发投入比例	0.014	0.020	0.030	0.030	0.030
国内市场销售增长率	0.130	0.143	0.152	0.098	0.178
国外市场销售增长率	0.092	0.098	0.096	0.030	0.127

1. 调整固定资产投资率和国内市场销售增长率

选取每个参数的最高值和最低值来模拟山东农机产业集群高速发展和低速发展的状态，结合前文的基础情境，比较这三种情境下农机产业集群发展的趋势，参见图 5 – 14。仿真结果参见表 5 – 8。

高速发展情境下的参数，选取 2010 ~ 2014 年每个参数变量的最大值，即集群研发经费投入比例为 0.03，固定资产投资增长率取 0.177，国内市场销售增长率取 0.178，国外市场销售增长率取 0.127。设定基础情境下的参数为在上一节中变量方程的值，变量的取值是 2010 ~ 2014 年平均值，是山东农机产业集群基本的发展趋势。取 2010 ~ 2014 年变量的最小值，为低速发展情景，

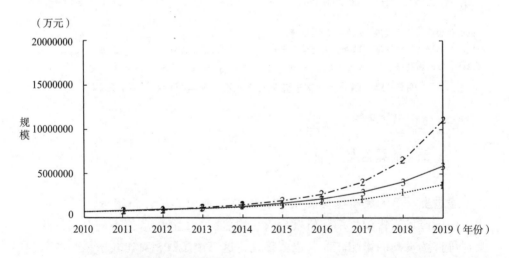

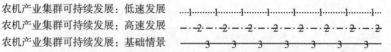

图 5 – 14　三种情境下山东农机产业集群发展趋势

即集群研发经费投入比例为 0.014，固定资产投资增长率为 0.144，国内市场销售增长率是 0.098，国外市场销售增长率是 0.03。

表 5 - 8　　　　　　　　三种情境下模型的仿真结果　　　　　　单位：万元

仿真情境	2017 年	2018 年	2019 年
基础情境	276869	394036	586247
高速发展	353574	547595	893847
低速发展	208921	272248	366842

根据仿真结果，在高速发展情境下，农机产业集群的发展规模要远远大于基础情境和低速发展情景，这是由于固定资产投资增长率和国内市场销售增长率此时的数值比基础情景的数值要高出 3 个百分点和 8 个百分点。因此，可以考虑在基础情境下，将固定资产投资增长率和国内市场销售增长率分别取高速发展下的数值，其他值不变，比较两个因素对农机产业集群发展产生影响程度的大小，具体模拟趋势如图 5 - 15 所示，仿真数值结果如表 5 - 9 所示。

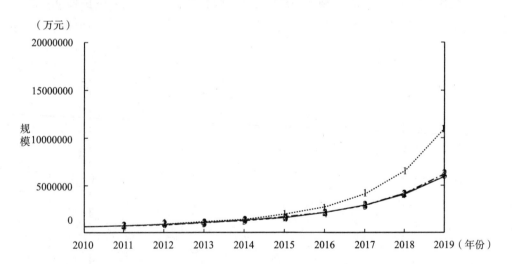

图 5 - 15　调整国内市场销售增长率和固定资产投资增长率后集群发展趋势

表 5 – 9 　　　　　　　调整固定资产投资增长率和国内市场销售

增长率后农机产业集群发展的仿真值　　　　　单位：万元

仿真情境	2017 年	2018 年	2019 年
基础情境	276869	394036	586247
固定资产投资增加	292461	416118	617583
国内需求增加	287352	412626	619097
高速发展	353574	547595	893847

通过改变这两个变量的取值，进行模拟后的仿真结果表明，国内市场销售增长率保持较高的增长的情境下，在 2017 年，农机产业集群发展规模为 287352 万元，比基础情境下 276869 万元高 3.7%；在 2019 年，农机集群发展规模为 619097 万元，相比基础情境下 586247 万元，超过了 5.6%。2017 年固定资产投资增长率保持较高增长时，农机产业集群发展规模为 292461 万元，比基础情境 276869 万元高 5.6%；在 2019 年，农机产业集群发展规模为 617583 万元，比基础情境 595346 万元高 5.5%。

2. 调整集群研发投入比例

将集群研发投入比例调整为 2010～2014 年中最高值，再与基础情景进行对比，分析技术创新的影响，趋势模拟如图 5 – 16 所示，仿真值如表 5 – 10 所示。

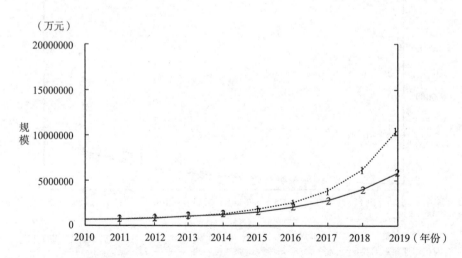

图 5 – 16　调整集群研发投入比例后集群发展趋势

表 5 – 10　　　　　调整集群研发投入比例后农机产业集群发展的仿真值　　　单位：万元

仿真情境	2017 年	2018 年	2019 年
基础情境	276869	394036	586247
集群研发投入比例增加	381169	615801	1049930

通过改变这个常数变量的取值，对仿真结果进行分析，结果表明，集群研发投入比例保持较高水平的情境下，在 2017 年，农机产业集群发展的规模达到 381169 万元，比基础情境 276869 万元高 37.6%；在 2018 年，农机产业集群发展的规模达到 615801 万元，比基础情境 394036 万元高出 56.2%；在 2019 年，农机产业集群发展的规模达到 1049930 万元，比基础情境 596247 万元高出 79.7%。

3. 仿真结果分析与讨论

从模拟仿真结果中可得知，国外市场需求的变化对集群发展的影响不大，说明山东农机产业的主要市场还是集中在国内，在积极开拓海外市场的同时，要深入研究国内市场。从仿真结果可知，固定资产投资对集群可持续发展的影响大于国内市场销售对集群发展的影响。因此，在扩大农机产品的市场需求、提高产品市场份额的同时需保证固定资产投资合理稳定增长。此外，研发投入对农机产业集群发展有重要的影响，集群研发投入直接作用于农机企业技术创新能力，要提高农机产品技术水平，必须加大研发投入以确保企业技术创新能力的稳定增长。

近年来，国家重视农机产业发展，固定资产投资稳定增长，根据中国机械工业联合会统计数据，2015 年，农机行业固定资产投资增长率在 13 个汇总行业中排名第 3 位，增速达 19%。固定资产投资可以扩大农机生产规模，为科技发展奠定坚实的物质基础，促进农机产业对区域经济增长的贡献。在增加固定资产投资时，还应注意固定资产的投资效率，效率的提升对于农机产业机构优化升级和集群可持续发展意义重大。研究发现，能耗程度与山东固定资产投资效率呈负相关关系，外商直接投资水平和对外开放水平的提升与固定资产投资效率正相关，而产业结构调整和信息化水平的提高可以明显提升山东固定资产投资效率。山东农机产业可以从提升环境效率、加大政府支持、提高对外开放水平、优化产业结构和提高信息化水平方面入手，来提高固定资产投资的效率，从而促进农机产业集群的可持续发展。

模型中未将粮改饲政策、营改增政策和供给侧改革政策纳入边界，这并非因为这些因素不重要，而是新政实施的数据尚无法获得，但从农机产业发展的经验来看，这些政策无疑会对农机市场国内需求产生较大影响，对这些因素的考量，本书只做定性分析，不做定量验证。

综上所述，集群研发经费投入比例、固定资产投资增长率、国内市场销售增长率是影响农机产业集群可持续发展的重要因素。在山东农机产业集群发展过程中，可以考虑从增加固定资产投资、研究市场需求以及营造适合集群创新的环境、增强自主创新能力等方面，提出促进山东农机产业集群可持续发展的对策建议。

5.4 本 章 小 结

本章首先分析了农机产业集群可持续发展动力因素，在此基础上构建了农机可持续发展的动力机制图，确定了系统动力学建模目的和系统的边界，建立了农机产业集群可持续发展动力机制的系统动力学模型，并进行了实证分析，得出的结论如下：

（1）通过对现有文献的比较分析，借鉴制造业产业集群研究领域内的相关理论、方法和研究成果，分析了农机产业集群可持续发展的动力因素。"根植性动力"为农机产业集群提供了区域环境，包括社会历史文化、制度安排、价值观念、经验类知识和关系网络等，是集群发展的基础。"创新性"动力是指，集群内的农机企业通过提高获取新知识的能力来获得竞争优势，包括集群内的科技创新、集群内企业的知识创新和集群创新网络的构建。"外部性"动力则从政府行为和竞争环境两方面来体现，政府行为的外部性表现为其在弥补市场缺陷的过程中，对相关企业或团体造成成本增加或额外收益的影响，竞争环境的外部性则表现为，集群必须参与外部市场尤其是国际市场的竞争，农机产业集群内部必须制定国际化战略以便在竞争中立于不败之地。

（2）基于系统动力学原理，通过对影响农机产业集群可持续发展的各动力因素之间的因果关系的深入分析，绘制了农机产业集群可持续发展动力因素因果图。

（3）以山东为例，使用系统动力学软件 Vensim PLE，利用统计数据，将定性的逻辑关系进行定量化计算，绘制了山东农机产业集群可持续发展动力系统模型流图，通过仿真数值与真实值的对比，在证明了模型的有效性之后，使用模型继续进行仿真模拟和分析。通过对固定资产投资增长率、税收优惠比例、集群研发投入的比例以及国内外销售增长率这些因素进行灵敏度分析，改变相应参数取值和取值组合进行仿真模拟，模拟结果表明：山东农机产业集群创新动力因素，是集群可持续发展的关键节点，在包含这些节点的情况下，这些因素形成了正反馈环，说明其对集群的可持续发展起到了循环累积的正向作用；固定资产投资增长率对山东农机产业集群可持续发展的影响较大；国内市场需求动力要素对山东农机产业集群可持续发展影响大于国外市场需求动力要素对山东农机产业集群可持续发展的影响。仿真模拟运行的结果对人们了解农机产业集群可持续发展动力因素之间作用关系和影响程度，探索相应的集群可持续路径，以及制定相应的政策具有参考价值。

第 6 章

我国农机产业集群可持续发展路径与对策

我国已成为第一大农机制造国，但受制于人口众多、制造技术落后，农机制造业的发展道路曲折。因此，应立足于现实，积极采取应对措施，促使我国从农机生产大国向农机生产强国转变。实践证明，集群模式适合我国农机产业发展。但农机产业集群的发展有其独有的特点，不能盲目照搬其他集群的成功经验，必须根据农机产业发展的特点，从实际情况出发选择有效的路径。本章借鉴集群发展理论提出我国农机产业集群可持续发展的路径，并根据前文的实证分析结论，从区域经济投入视角、市场需求视角、技术创新视角探讨我国农机产业集群可持续发展对策。

6.1 我国农机产业集群可持续发展路径

如第 5 章所述，农机产业集群是开放的系统，一方面，集群内各主体，如农机企业与原材料供应商、农机流通企业、科研机构、中介机构、行业协会和政府部门之间不停地进行物质、能量及信息的交换；另一方面，集群与其他区域和国家也发生贸易往来，进行信息技术交流，并受到社会、经济、文化、政策和法律法规等环境因素的影响。因此，构建我国农机产业集群发展路径必须基于我国现实条件和农机产业集群特征。综合前文对集群形成机理、演化机制和可持续发展的动力机制研究，坚持市场导向，政府引导为辅的原则，通过农机产业集群的集群创新、嵌入全球价值链、战略需求和政府导向以及外部环境影响，即内生驱动、外生推动和基础支撑相结合的方式，构建我国农机产业集群可持续发展的"三位一体"驱动路径。内生驱动路径指的是，从农机产业集群内的构成要素出发，加快集群内信息和知识的流动，对农机产业链进行整合，在技术、管理、品牌和竞合机制方面进行创新，通过创新活动带动集群可持续发展；外生推动路径指的是，依靠农机产业集群外部的相关要素推动农机产业集群可持续发展，包括战略需求、嵌入全球价值链网络和政策导向等形式；基础支撑力指的是制度环境和文化环境（见图 6 - 1）。

6.1.1　内生驱动路径

1. 农机产业链整合

产业链包括不同产业部门之间的链状联系和价值链活动。如前文所述，农机产品产业链包括原材料→零部件生产→农机产品生产→组装→农机流通→农机销售服务等，产业链由设计、研发、生产、销售和服务等一系列的价值活动组成，在知识经济时代，设计、研发和服务等环节的价值创造和盈利能力相比生产制造环节而言，上升很快。基于此，我国对农机产业集群可持续发展必须重视提高研发能力和提供农机售后服务等环节。

我国农机产业集群集聚程度较低，集聚能力低的主要原因在于集群内部龙头企业的带头作用不明显，龙头企业在集群中起着非常重要的支撑作用，集群内的企业应将本企业的经营模式和发展战略融合到龙头企业的生产经营活动之中，为龙头企业提供合适的产品或服务，龙头企业也应促成集群内部建立良好的协作关系，力争使集群内的企业达到合作共赢。发挥大中型拖拉机、联合收获机、植保机械及农机具等主导产品、骨干企业的龙头带动作用，通过规划布局、填补短板、扶优扶强，引导集群充分发挥区域比较优势、突出特色，并协调好地区间专业化分工和供需关系，加强企业合作、区域合作，形成以产品价值链为核心，原材料供应、整机与零部件制造、市场销售和物流、服务功能完善的产业配套体系。如江浙地区的苏锡常产业集群和佳木斯的农机产业集群都采取了直接引进龙头企业，由龙头企业来带动群内中小企业和其他企业发展的模式，从实际运营的效率来看，还是相当成功的，可在其他区域推广。

2. 技术创新

2015 年 6 月，国务院印发《关于大力推进大众创业万众创新若干政策措施的意见》，对于推动农机行业结构调整和走创新驱动的发展道路具有重要意义。2017 年"中央一号文件"把推进农业供给侧结构性改革作为主题，为农机生产企业、科研机构、农业部门提供了机遇；农业供给侧结构性改革、农业

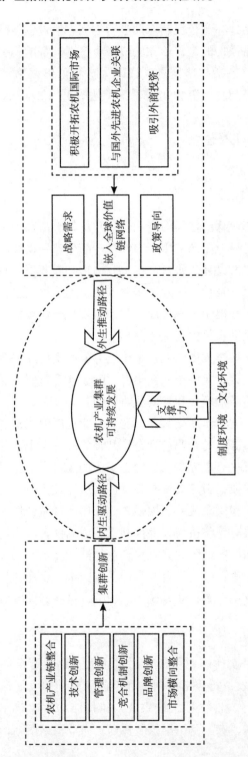

图6-1 我国农机产业集群可持续发展"三位一体"驱动路径

现代化体现在每项农业技术、每台农机、每件农具、每粒种子、每个农产品之中，而这也正是农业供给侧结构性改革的着力点。农业供给侧结构性改革成功的关键在于农机企业对产品精益求精的技术要求。农机制造商们应在掌握整个行业发展趋势，研究国家的宏观政策的基础上，吸取西方国家的经验，及时响应行业内外变化，重视研发投入，生产附加值高的产品，生产个性化、多功能的产品，以满足消费者的个性化需求。针对国内农机市场目前不同程度地存在"无机可用""无好机用""有机难用"的现象，农机企业应坚持创新驱动和聚集优势资源，推进联合协同和集成配套，确保先进适用、安全可靠、绿色环保、智能高效机械化技术的有效供给。

第一，激发企业自身创新动力机制。要破解我国农机装备制造业的困境，技术创新是关键；要打破技术创新的瓶颈，就必须培育促进创新的机制。良好的技术创新机制能推动行业企业技术创新，进而打破我国农机装备制造业的困境，做到产品技术创新和产业转型升级。首先，市场需求和市场竞争的影响导致企业不断进行创新。近几年我国农机产品消费市场需求庞大，国内农机企业市场份额也越来越大，大部分农机企业安逸于一种短期的市场繁荣，长期发展的忧患意识降低，忽视了繁荣虚像背后的陷阱。目前我国高端农机企业几乎没有竞争力，国内品牌高端农机产品几乎空白，一度被外资品牌垄断。此外，国内农机企业产品市场还主要集中在粮食作物上，而随着大农业机械化的需求延伸，在一些经济作物产品领域，国内的企业还少有涉及，市场供给不足。总之，无论是中高端农机市场的竞争，还是一些经济作物领域市场的需求，国内农机企业都不得不主动进行创新发展。其次，科技发展日新月异，促使企业不断采用先进科技进行适用性创新。没有科学技术保障的市场需求，企业创新是无法实现的。国内大多数农机生产企业在关键技术的开发和应用能力方面相对较弱，高端技术产品过度依赖进口，高附加值产品和高额利润均被外资企业攫取，严重影响着国内农机企业的长远发展，这迫使国内企业必须加强自身技术开发与创新。

第二，加强行业内部创新集群机制。在"互联网＋"发展生态环境下，针对国内多数农机生产企业技术创新和应用能力相对不足的困境，国内农机生产企业应积极加强行业内部集群合作，着力实施相关重大科技难题项目，集中专门的精力、财力和实力争取突破一些产业集群共性关键技术，从而促进其推广应用，以加强集群企业的科技核心竞争力。此外，还应加强集群内合作网络的建设，通过科学合理的产业体系，形成合作密切与分工完善的农机企业网络，以及建立完善的区域基础服务体系和营造良好的集群创新文化，促使集群内的企业形成共同的创新理念，从而更大限度地发挥集群创新机制的协同效应，降低集群发展系统运行的各种成本，提高集群网络个体和系统的综合效益，从而极大地利于形成我国农机装备制造业的核心竞争力。在此基础上，农机企业需加大与科研机构的合作，促进创新要素间的交流、共享与合作，从而建立以企业为主体、政府为保障、高校及科研机构为辅助的创新集群系统。

第三，畅通科研创新成果转化机制。据调研统计，国内从事农机研发工作的主体还是农机生产企业，虽然国家一直在鼓励校企合作，联合申报课题，但高校和科研机构与企业联合研发的比重还不是很高。在市场上仍然存在着农机企业把产品技术作为竞争的手段和壁垒以获得更大优势的情况。技术单一且各自为战的情况比较普遍，农机产品研究成果较少且转化不畅，能够相互交流和共享学习的很少。同时，企业作为技术创新的研发主体，其创新成果在转化过程中面临着人力、财力、物力和机制等多方面资源配置和协调的约束，可能面临着技术断层、研发动机断层、资金断层等风险。此外，高校和科研机构等纯研发单位与市场一线存在一定的距离，相关创新成果未能及时顺畅转化落地，存在供需脱节现象，因此，急需完善科研创新成果的转化机制，使产学研实现良性互动。具体来讲，就是通过建立和完善企业技术创新成果转化中的科研立项机制、动机和利益机制、信息沟通共享机制、投资和推广机制等，防止各种断层风险的发生，保障企业技术创新成果的转化、产业化应用和市场开拓所带来的经济效益和社会效益。

第四，完善政府相关创新激励机制。与我国电子、航天、轨道交通等产业相比，农机工业仍然落后较多。究其原因，一是政府的科研经费直接投入生产企业的不多，比如科技部的科研经费基本面向高等院校和科研机构，但这部分科研成果转化比较困难；二是针对企业自主创新的激励政策不完善或吸引力不足。

当前，美国的约翰·迪尔农机公司迅速扩张，日韩的农机企业也正全面进军中国市场，印度马恒达也打算收购我国农机企业，若不从创新的体制机制上进行根本改革，则国内农机工业很难与国际接轨。因此，在倡导政府、企业、高校和农机科研机构进行技术创新的同时，也应完善技术创新成果转化的配套机制，从根本上促进创新成果的转化和市场化，增强企业的自主创新能力，形成农机行业的核心竞争力，从而切实改变国内农机市场上不同程度存在的"无机可用""无好机用""有机难用"的尴尬局面。

3. 品牌创新

品牌共享是集群在市场竞争中的最大优势，通常来说，打造品牌需要巨额投入，只有资金雄厚的大企业能够做到，这就使得很多中小农机企业在竞争中处于劣势，但农机产业集群品牌浓缩了群内众多企业，比单个企业品牌更形象，群体效应形成的集群品牌可以使群内成员企业都受益。目前我国具有明显地域特点的农机产业集群品牌有"路桥植保机械""灌云旋耕机""潍坊农机"等，但是我国农机行业发展之初对品牌不够重视，一是因为国内农机市场增速很快；二是不少农机占据地域优势。品牌建设和推广不足造成了同一企业生产不同产品没能形成密切联系，前期的投入和宣传费用未能取得预期集聚效果，未能形成品牌。如前文所述，2014 年，我国最大的 5 家农机生产企业也仅占有全国 24.6% 的市场份额，也表明农机品牌效应不够明显。随着我国消费者对精细化农机需求的不断上升，市场份额必将向优势品牌和品质高的高科技产品集聚。因此，共同发展区域农机品牌是农机产业发展的内在要求，也是实现多方共赢的必然选择。

据 2017 年 2 月的新闻媒体报道，黑龙江省哈尔滨市双城区的合作社弃用国产翻转犁而不惜重金购买价格昂贵的德国翻转犁，从外形构造和设计等方面看，进口犁和国产犁无明显区别，但在使用上，国产犁在"翻扣效果、深度、效率、使用寿命"方面都比进口犁差一些，这说明，随着人民生活水平的提高，产品的性能、质量及售后服务等多个方面的综合实力将是农机企业之间的竞争点。目前来看，农机企业的销售正逐渐向品牌化发展，农业机械用户如农业生产者、农业开发公司、种粮大户等在选择农机产品时，已将农机产品的品牌形象作为重点考察的因素。农机品牌的信誉度要通过农机用户的口碑效应来建立，集群中的农机企业需要长期积累才能打造好的品牌，具体可从以下两个方面着手。

第一，要加快农机产业集群品牌建设。从国外的成功企业来看，打造一个一流品牌，至少需要 12 年时间。政府应围绕品牌培育、确保社会资源向成长性高的企业流动、培育有战略眼光的企业家这三个方面来出台相应的扶持政策。要大力宣传知名品牌，讲好品牌故事，提高品牌的影响力和知名度，完善品牌的服务体系，推进品牌国际化，从而提高农机产品的国际竞争力。

第二，集群企业应积极参加各种形式的促销活动。集群内行业中介组织可以组织企业参加农机展会、组织农机展团到异地促销和参加围绕农机品牌设计和社会服务的主题促销等。农机企业还可参加农机行业组织的不同形式和规模的农机大赛，如机手赛、竞技赛、知识竞赛、操作比赛等。地方政府部门应支持企业建立品牌推广平台，借助电商平台，在维持本地市场的基础上拓展全国市场，提高集群产品知名度，扩大集群品牌的影响力。如南方某些省份由政府组织农机企业以整体形象组团参加广交会展览；洛阳造拖拉机、山东造农机具等农机在国外都有知名度；国外经销商和意向合作厂商来中国后也会重点选择有知名度的企业洽谈合作。

4. 管理创新

英国学者克雷纳曾经指出，"管理只有永远的问题，没有答案。"良好的管理制度是企业保持持久竞争力的重要手段，体现了企业的生存之道。好的管理制度涵盖两个方面：一个是有效的生产管理，另一个是完善的营销管理。

一是生产管理模式的创新。国外农机企业的成功经验表明加强生产管理可大大提高市场竞争力。国外农机企业已将很多汽车行业的高端技术、无人机技术移植到农机上，智能化、自动化程度很高。而我国农机企业对生产流程的控制力还有待提高，资源消耗量较大，因此，我国农机企业需要应用信息技术改造生产模式，通过建立新型高效的供销链降低库存，减少成本，提高生产效率。

二是构建可持续发展的农机流通新格局。在农机购置补贴的推动下，农民购机积极性增加，作为实施补贴的重要执行者，农机流通企业在我国农业机械化的进程中发挥了重要作用。但是仍存在着不能与农机生产相适应的问题，如经济效益低、资金运行效率不高（补贴资金采取垫付的形式）、服务能力低、经营风险高（套取补贴）等。农机流通企业可发展连锁经营，联合农机生产企业，实现农机生产、流通和使用的有机结合，以促进规模化和组织化程度的提高，形成可持续发展的农机流通新格局。

5. 竞合机制创新

农机企业应正确看待行业内竞争和合作，通过创新竞争与合作机制实现集群内企业的互利互惠，从而提高整个集群的竞争力。

在互联网时代，生产质量低下的、仿制的农机产品将付出较大代价，不易获利。农机行业协会需充当三方规制结构中重要的第三方，用规范的行业自律制度去约束企业行为，贯彻农机产品质量控制标准，从而降低农机产品质量信息不对称程度。地方政府应总结以往的打假经验，严厉控制和打击企业竞争中的机会主义倾向，同时完善市场结构体系，建立地方性的生产要素交易市场，为企业进入退出市场提供便利。

农机产业集群内部往往会形成激烈的竞争，一般来讲，竞争可以促进集群竞争力的提高，但如果竞争行为不合理的话，也会削弱集群的竞争力。一般来说，不合理竞争行为分为两种：一是不正当的恶意竞争行为，如仿冒他人产品，侵犯他人知识产权、盲目压价、偷工减料等，这种现象一般在小企业较为常见。1995 年开始，我国农机企业开始进入价格战，导致产量在高位运行，而效益却在低位运行。这些不合理竞争行为会导致集群内公共利益受损，部分农机企业会盲目压缩采购成本，降低质量水平，不利于集群形成核心竞争力。二是排斥竞争的垄断行为，主要指的是在市场中占据优势地位的农机企业企图阻止新企业进入，以及建立价格同盟的卡特尔行为。

企业的机会主义行为对产业集群的影响不可小觑，温州的制鞋业就是一个非常典型的例子，在 20 世纪 90 年代初期，该行业实行贴牌生产，没有形成自己的品牌，行业进入壁垒较低，因集聚效应使得进入集群比较容易，产品同质化严重，形成恶性竞争后，温州鞋业集群迅速遭受沉重打击。农机产业集群内部的机制可以消除农机产业集群内的机会主义行为，而对于集群外的机会主义行为，比如农机行业中用让价和生产伪劣配件去抢占农机市场的现象，则需由政府行为来消除。政府可以从两方面入手：一方面，培育以诚信为主的区域文化，使群内企业相信违背竞争规则得不偿失，促进企业之间开展公平竞争；另一方面，采用舆论宣传的手段，引导集群文化的形成。另外，政府部门也可以与行业协会等中介机构联合，公平公正地组织集群内企业参与信誉评级，对信誉较好的农机企业进行大力推介，反之，则给予警示，警示无效时还可以运用法律或者行政手段等对农机企业的不当行为加以干预。

6. 市场横向整合

农机市场的横向整合是指通过合作、并购和联盟的方式横向扩张获得资源和市场份额。市场的横向整合方式有两种：一是实施产学研合作战略，借助合作伙伴的知识和技术来推动集群内农机企业的产品设计、技术研发，或通过兼并和收购的方式将集群内企业的设计、研发中心设在人力资本较为丰富的地区；二是立足销售与服务的跨区域市场整合，提高集群的主打产品的国内外市场占有率。我国农机产品正逐步走向成熟，售后服务能力也已基本实现与消费者需求的对接，但消费者还是对售后服务不够信任，现阶段，消费者对服务的期望已不再局限于及时性，还需要服务的全面性。农机企业应该在跨区作业竞争越来越激烈的背景之下，不仅要确保农忙时节农机售后服务的及时性，还要打破现有格局，从培训机手、分享作业信息、提供金融服务等多个服务领域拓宽服务方式，全面提升服务理念，从而提高市场竞争力。

6.1.2 外生推动路径

1. 战略需求

战略需求推动着农机产业集群的可持续发展。当前，在国家实施创新驱动发展的战略大背景下，"中国制造 2025"和"一带一路"倡议等具体战略目标为我国农机产业发展指明了方向。2016 年"中央一号文件"中，将加快研发高端农机装备及核心零部件、提升主要农作物生产全程机械化水平作为重要发展战略，表明我国农机装备将向中高端产品发展；农业部（现农村农业部）提出的"2020 年实现化肥、农药使用量零增长，农作物耕种收综合机械化水平达 68% 以上"战略发展目标，为农机产业发展带来了新的机遇；环保部（现生态环境部）出台的《关于实施国家第三阶段非道路移动机械用柴油机排气污染物排放标准》，促进了农机企业主动技术升级。同时，国内具有全球化视野的农机企业已在国外建立研发中心，这也是农机企业未来全球的重要战略方向。基于战略考虑，农机企业要准确观察以发现新需求，积极转型以适应新需求，通过农机产品质量的持续提升来提高市场竞争力。

2. 嵌入全球价值链

在当今全球经济一体化背景之下，农机工业的振兴与农机产品积极参与国际市场竞争是密不可分的。在参与国际化竞争中，农机企业要完成从低价竞争向高端产品转变，在发挥门类丰富、品种齐全和有弹性的优势的同时，不断对农机产品结构进行调整，实现从粗放增长向效益增长转变，从而提高市场竞争力。

第一，因地制宜直接对外投资办厂，实现当地产销一体化服务。以市场为导向，从需求出发，将农机制造厂直接办在国外当地，充分利用国内国际两个市场的人力、物力、财力等资源，努力培育"中国制造"国际品牌，积极参与国际竞争与合作，实现国内部分农机产品过剩产能向国外有效益、有效率地转移。在转移国内过剩产能的同时，不仅可以促进我国部分优势农机制造企业进一步优化产地分布，还可以提高企业跨国经营水平，拓展国际发展新空间。此外，在国外实现生产、销售和售后一条龙服务，还可以提高企业参与国际竞争的能力和品牌影响力。

第二，积极发现海外市场需求，发挥优势，努力开拓潜在市场。我国农机出口市场中边境小额贸易不可忽视，尽管绝对值不大，但连续几年都在持续增长，特别是针对东盟国家的出口，占比较大，增速较猛，在其他出口形式提升难度较大的情况下，农机生产规模不大的中小企业可以在此寻求机会。以广西为例，广西在地理条件、自然环境、农业结构上与东盟国家非常相近，加之东盟国家也是农业占比较大的国家，农机工业基础薄弱，生产能力有限，农机产品在东盟国家可以直接或稍加改装后使用，因此，在中国—东盟自由贸易区建立的背景之下，广西农机企业应抓住得天独厚的优势和机遇谋求发展。

中国与非洲国家自 20 世纪 50 年代以来，在建立正式农业合作关系的基础上，双方不断推动和加强农业人员、技术、经贸合作等活动，在当今"一带一路"倡议带动下，中非农业合作领域又不断向纵深发展，这也给国内农机企业带来了更好的机遇，国内农机企业应充分把握非洲和东南亚巨大的市场，用优质的产品和服务充分开拓海外市场。

第三，开展与国外企业合作，注重引进、吸收和再创新。要抓住国际金融新形势下的新机遇，通过企业兼并重组、建立海外研发机构和吸纳海外高科技人才等举措，吸收全球范围内的创新资源成果。

3. 政策导向

如前文所述，国家政策发布实施对农机产业影响巨大，尤其是重点政策的落实为农机产业发展带来政策红利。一是国家"三农"政策。2004～2016 年的"中央一号文件"就一系列农业问题有针对性地提出了强农惠农政策，具体表现为：促进农民增收、提高农业生产能力、推进新农村建设、发展现代农业。二是农业补贴政策。具体表现为：除免农业税外，对种粮农民进行补贴，增加良种补贴，对渔业的柴油补贴等。三是农机购置补贴政策。具体表现为：重点补贴粮棉油糖等主要农作物生产关键环节所需机具，同时兼顾畜牧业、渔业、设施农业、林果业和农产品初加工发展所需机具。四是粮改饲政策。具体表现为："中央一号文件"连续三年强调粮改饲政策推行工作，尤其为青贮饲料收获机市场带来了发展契机。五是营改增政策。具体表现为：减轻农机企业税负，很大程度上增强了农机服务企业和农机制造企业，尤其是小型农机企业发展的政策驱动力。六是供给侧改革相关政策。其政策影响主要体现在六个方面：其一，粮食生产方向的改变将引导相应农机新需求的转变；其二，主粮机具饱和将促使农机企业转型升级；其三，经济作物和特色作物机械的兴起将提供新的市场机遇；其四，随着国家对企业的粗放支持政策的逐渐取消，农机企业提升控制成本和精细化管理的能力将有所提升；其五，农机培训市场将快速发展；其六，供给侧结构性改革将一定程度上带动国家对农机贷款政策的变革。此外，各地农机局在国家政策背景下纷纷出台具有针对性的地区产业政策。在国家层面政策和地方层面政策的双重作用为农机产业培育了良好的发展环境，同时也为产业结构升级与变革提出新要求和新挑战。农机产业集群要综合运用各项政策资源，把握改革红利，挖掘内生动力，利用政策驱动力，实现自身发展。

6.1.3 基础支撑力

1. 制度环境

国家于 2004 年颁布的《中华人民共和国农业机械化促进法》标志着我国农机工作步入了法律规范的轨道，《农业机械安全监督管理条例》的出台规范了我国农机报废回收制度、农机产品出厂制度、销售记录和缺陷产品召回制度等，致力于解决我国农机管理中的诸多问题。此外，环保制度也对我国农机产品提出了新的要求，以电力为能源的农机产品逐渐受到企业和农民的重视，秸秆还田机械和植保机械也仍然备受青睐。为保证农机产业集群的可持续发展，还需要从以下三个方面着手创建健康的制度环境。

第一，制定切合行业发展实际的产业制度。政府部门应从制度上着手，促进我国的大型农机企业向集团化方向发展，在农机龙头企业参与国际市场竞争时给予一定的政策支持。同时，参考发达国家农机企业发展的成功经验，我国政府也应支持各种不同形态的农机企业的兼并重组。对有能力到国外兴建工厂的农机企业，从制度和税收优惠上提供便利条件。

此外，政府也应研究大型农机企业进行技术改造的项目的相关政策，从制度上去规避风险，更大限度地发挥企业主体在研发和制造方面能力的提升。与此同时，不能忽视大型农机企业的改制问题，在制定政策时，考虑到农机行业的特殊性，对于农机行业的"三产"剥离问题以及以前遗留下来的债务问题采取慎重的政策。

第二，建立重点农机产品准入制度。重点产品的准入制度可促进农机企业重视产品性能和质量的提升，尤其是对于复杂的农机产品、涉及人身安全的、对环境产生较大影响的农机产品设置准入门槛。

第三，着重制定农机行业标准和各项法规。农机产品在跻身国际市场行业进程中，必须注重标准化和法制化建设工作。农机主管部门和行业协会积极参与农机标准化管理体系的建立工作，同时，政府也要加快农机检测方面的国内统一标准，同时加强对检测机构的管理，提高检测机构的检测质量和效率，减轻检测机构和企业两方的负担。

2. 文化环境

经济利益的驱动可以促成合作，但若要建立牢固的长期合作关系，则离不开文化的"粘合"作用。农机产业总体利润较低的现实情况对从事农机事业的企业家提出了很高要求。农机企业家作为稀缺资源，对农机产业集群的形成和发展至关重要。集群文化氛围对吸引优秀企业家和人才，对集群企业的集聚与发展起着重要作用。政府部门、行业中介、农机企业以及本地的历史文化环境交织形成农机创业文化，创业文化的培育依赖于农机产业集群中所有成员的共同努力。文化环境的培育可以从三个方面着手。

第一，搭建集群内企业间的学习交流平台。比如，定期组织学习会、座谈会，让集群内农机企业经营者向成功的农机企业家学习，培养一批具有新思想、勇于创新和开拓的企业家。

第二，定期对本地农机企业家进行素质培训，鼓励和倡导自主创新文化。经常组织企业家到集群发展比较好的地区和国家学习，鼓励他们在集群内宣传和提倡勇于创新和冒险的观念，给农机产业集群内部注入更多的信息。

第三，营造开放性社会关系网络。通过营造社会关系网络，集群内成员基于相同的文化背景和价值观，增强了信任感，遵守相同的交易理念，可以降低知识转换的成本，减少机会主义行为，从而减少了交易的不确定性，降低交易成本。

6.2　我国农机产业集群可持续发展对策

集群要想获得可持续发展，除了要选取正确的路径之外，还需要有相应的平台建设和政策保障来支持。本节基于政策制度、农机中介服务体系、基础设施建设和高素质人力资本四个方面来提出我国农机产业集群可持续发展的对策与建议。

6.2.1　政策扶持

1. 制定科学的集群发展政策

政策是政府干预经济的工具，是"看得见的手"。产业集群政策是指由政府或者是其他公共主体以集群为服务对象而制定和实施的政策和措施。制定政策需要对行业相关数据进行分析，因而要加强农机行业数据统计工作。当前我国农机产业集群的发展还存在着以低要素成本为主、自主创新能力欠缺、受行政区域限制等问题。在第四章中，我们讨论了农机产业集群演化的四个阶段，在不同的发展阶段，集群政策应有所区别。

在农机产业集群的萌芽期，政府应着力构建一个良好的市场环境，协助或引导具有区域特色或竞争优势的农机产业集群的形成，不必去"创造"一个全新的产业集群。

在农机产业集群的成长阶段，政府可以通过积极完善软硬件环境，采取措施加强农机产业集群内部企业的沟通协作，制定优惠政策鼓励农机产业集群外的相关企业加入集群等方式来整合资源发展农机产业集群。比如重庆微耕机产业集群已初具规模，在重庆市农机主管部门的倡议和组织协调下，组建了由知名企业、流通企业和科研院所共同发起的重庆微耕机行业协会，协会对规范和监督业内企业行为、净化生产和经营环境以及促进行业可持续发展起到了积极作用，从而增强了集群的竞争力。

在农机产业集群的成熟阶段，集群的自适应系统已经达到了较为理想的状态，但是如果仅依靠企业自身的力量，则可能囿于固定思维，创新模式单一化，不愿意向其他的模式转变，一旦创新模式被打破，则集群的竞争优势就会锐减，更严重的情况是丧失优势，所以在这个阶段，政府应尽力营造良好的创新环境，并制定有效的创新政策，搭建科技创新平台，集中攻克一批农机产业集群具有共性的关键技术，以提高集群的创新能力，从而提升集群综合竞争力。农机制造业产业链是生产商驱动型价值链，其中起主导作用的是农机生产商，生产商可利用技术优势，向前可以控制原材料及零部件供应商，向后可以利用品牌效应控制经销商，在价值链利益分配中占据大份额。在此阶段，政府应鼓励具有一定技术和资本能力的农机企业发挥技术优势和资本特长，吸引国外农机企业的合资或 FDI，有效弥补企业融资渠道不足以及技术和营销人才缺乏等缺陷，推动农机产业升级。

而在农机产业集群的衰退阶段，负面外部效应的影响不断增大，集群的创新速度非常缓慢，这时，政府应根据市场的需求变化，积极为企业寻找新市场，同时采取积极措施，推动集群升级和转型。集群转型可以从五个方面入手：一是促进传统农业方式与现代化技术手段融合；二是培育微观新型和多种形式的适度规模化的农业生产经营主体；三是鼓励在农机作业管理中融入信息化；四是鼓励集群对农机服务模式进行创新；五是鼓励农机企业通过合资、并购等方式整合全球资源。

2. 健全财税金融政策

财税金融政策是指由政府提供各种优惠政策来吸引投资、促进企业和产业集群的发展。健全财税政策包括四个方面的含义。

一是融资贷款方面。融资成本的高低对农机企业的发展方向影响较大，政府对于农机企业要给予融资贷款的优惠，积极推动地方政府经济主管部门与企业在资本运作方面的专业培训，包括邀请投资银行、律师事务所、会计师事务所及证券交易所专家进行专题培训等。资本市场是推动农机产业集群企业茁壮成长的基础，而证券市场作为其重要组成部分可以解决资金筹措、再投资等问题，可以促进资源优化配置，从而吸引大量资金投资实业，实现资本的再增值。比如，位于浙江湖州的星光农机于 2015 年 4 月在上海 A 股上市，在资本市场就获得了很好的预期。通过证券市场为企业筹集资金的方式，可以加速农机产业集群发展，增加更为畅通的融资渠道。

二是土地流转补贴。土地流转补贴可以提高农户承包土地的积极性。要继续开展农村土地改革，让更多有实力的企业加入土地规模化的经营队伍，这不仅能使更多的资本流入农机行业，而且也提高了土地利用效率。

三是落实税费优惠政策。由于农机工业利润率较低，种植业机械利润率尤其低。国家在继续推行现有税费优惠政策时，可以考虑将增值税调整为先征收后返还，对于农机企业减免或返还的税收收入，采取相应的管理规定督促企业将之投入研发活动中。现有优惠参见表 6 - 1。对于农机流通企业，考虑到农机企业在服务"三农"方面所承担的培训推广、服务维修等公益性功能和承担社会责任的特点，在享受免除增值税的同时，适当降低或免除农机配件的销售增值税，以促进农机售后服务质量和零部件供应体系的建设。

表 6 - 1　　　　　　　　　　农机行业税费优惠情况

序号	优惠范围	优惠方式
1	对从事农业机耕、排灌、病虫害防治、植保以及相关技术培训的单位和个人获得的收入	免征营业税
2	对企业从事农机作业和维修服务的所得	免征企业所得税
3	农机专业合作社、农机制造企业缴纳房产税、城镇土地使用税确有困难的	向当地税务部门申请减免
4	认定为高新技术企业的农机制造企业	按 15% 的税率征企业所得税

续表

序号	优惠范围	优惠方式
5	社会经济效益一般但用于粮食生产的农机产品	免征所得税和增值税
6	农机批发、零售	免征增值税
7	对跨区作业的联合收割机、运输联合收割机（包括插秧机）的车辆	免收车辆通行费
8	农机专业合作社办理证照登记	免收工本费
9	农机专业合作社从事农业生产用电	执行农业生产用电电价政策
10	生产国家支持发展的新型、大马力农机装备和产品确有必要进口的关键零部件及原材料	免征关税和进口环节增值税
11	因技术受限国内不能生产的关键设备	免征关税和进口环节增值税
12	附加值高的农机出口产品	按相关规定执行出口退税

四是继续推行和完善农机购置补贴政策。自 2004 年农机补贴政策实施以来，农机补贴对农机市场需求起到了极大的拉动作用，为了加速农机化进程，国家对农机补贴的额度和力度还需持续加大。图 6-2 为 2004~2016 年我国农机补贴额度趋势，10 余年来，补贴额度逐渐攀升，近两年有所下降，其中 2017 年补贴额度调减到 186 亿元，减幅较大，补贴额度逐年减少是未来的趋势，补贴的操作的方式也不断优化。集群内农机企业要研究补贴方向，调整本企业的发展方向。如果按照 1∶3.5 的拉动比例，2017 年会拉动 651 亿元农机购买资金。目前，农机购买者更趋于理性，购机补贴政策应相应发生变化，应尽量避免行政管理不适当的现象，避免过度地方保护主义和行业垄断来干预市场竞争。

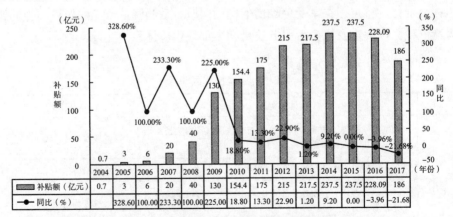

	2004	2005	2006	2007	2008	2009	2010	2011	2012	2013	2014	2015	2016	2017
补贴额（亿元）	0.7	3	6	20	40	130	154.4	175	215	217.5	237.5	237.5	228.09	186
同比（%）		328.60	100.00	233.30	100.00	225.00	18.80	13.30	22.90	1.20	9.20	0.00	-3.96	-21.68

图 6-2　2004~2017 年农机补贴额度趋势

资料来源：《中国农机机械工业年鉴》。

3. 加大研发投入，强调自主创新

国家还需继续在农机领域推行国家星火计划、科技创新计划、国家农业科技成果转化项目。鼓励高等院校、科研院所与农机企业联合申报国家重点研发计划项目。鼓励农机企业加大研发投入比重，加快企业技术中心建设，特别是支持主导产品及核心零部件重点骨干企业建立国家级、省级技术中心或重点实验室，发挥大中型企业在行业自主研发和技术创新上的引领和带动作用。以山东为例，山东农机产业集群应依托山东省农业机械科学研究院及山东理工大学、山东农业大学、青岛农业大学，完善省重点实验室专业布局，着力突破核心技术和关键零部件；同时扶持山东省现代农业装备行业技术中心、产业技术创新战略联盟等公共平台建设，以行业关键共性技术研究、重大产品创制为重点开展协同创新，服务于产业需求，辐射、支撑行业众多中小企业发展。

6.2.2 完善农机中介服务体系

第一，要深入推进农机经营服务的市场化改革。推进农机经营服务市场化、社会化和产业化，打破垄断，促进竞争，提高质量，降低成本，健全和完善农机产品市场及作业服务市场，加强质量、安全和服务标准建设，通过引入规范标准，分解成本，让市场机制更好地发挥作用，提高农机经营服务的可及性和经济性，盘活农机资源，大力发挥好现有农机具装备的作用和功能。

第二，要积极培育和发展壮大农机服务组织。大力发展多种形式的农机合作社、农艺合作社、农机作业公司、农机协会等各种专业化中介服务组织，不断提高农机系统社会化服务能力。

第三，加强农机化基础建设。在乡镇土地从产业建设高质量的售后服务体系。因作业环境特殊、使用环境复杂，农机产品不可能做到很精密，否则就很容易损坏，因此对于农机产品来说，服务重于生产。由于农民在使用农机时，存在着技术不熟练的问题，对农机的保养工作认识程度不高，导致农机在使用过程中故障率频发，要保证农时和有效工作时间，就需要对农机的维修进行快速响应，这就对农机的服务提出了很高的要求，农机产业集群发展必须重视服务体系的建设。

6.2.3 加强基础设施建设

第一，地方政府应重视集群内的道路、港口、通信网络、水电等基础设施

的建设，打造便捷的综合交通运输体系，建立快速便捷的交通运输网络，便于集群区域内各企业的联接。

第二，推进公共设施建设，如美化本地环境，提高城市化管理水平，改善生态环境，推进绿化建设，建立工业园区使产业集群地理更为集中，建立交易市场，扩大市场规模等。

第三，搭建信息化平台，促进"互联网+"带动传统农业升级。整合现有的信息基础设施，建立信息平台和网络平台，融贸易、市场需求、产品供应、物流市场、技术发展、农机服务等信息于一体。通过数字化信息平台，建立若干个具有专业特色的数据库与窗口，进入建立若干专业化信息网络。"互联网+"是在知识社会创新 2.0 的推动下，互联网与传统行业融合发展的新形态。在大数据时代下农业信息化是传统农业向现代化农业转型的必由之路。"互联网+"为小麦主产区做出了很大贡献。例如，作为小麦主产区的河北已搭建了农机大数据平台，农机使用者可以通过手机、电脑和车载 GPS 等方式联入平台。

6.2.4 关注高素质人力资本

农机行业是技术密集型行业。农机行业是一个专业知识程度要求较高、涉及面广的技术密集型行业，需要的专业技术包括农机的外观设计、农机结构设计、机电一体化技术以及机器调试时的力学分析和理化分析。部分机械技术较为复杂，且大多为专有技术，需长期积累，不易在短时间之内掌握。农机产品还对研发技术人才有较高的要求，农机技术人才需利用专业知识研发新产品并且不断改革创新。

随着农机科技需求的增长，我国掌握先进技术和经验丰富的科研创新类高级人才仍然比较缺乏。在企业进行科技创新活动时，实用性强的研发人员明显不足，农机行业高级研发人才队伍的创新能力整体偏低。多年的农机"价格战"导致农机产业成为微利产业，人才流失较为严重。近年来，高等院校、科研机构和企业在人才培养方面付出了很多努力，但短期内效果不是很明显，虽然行业内科技人才呈现向大型农机企业集团流动的趋势，但大型农机企业的需求仍未能得到满足，与此同时，这一情况对众多中小企业影响巨大，对小农机企业来说，留住创新人才更是难上加难。

在农机人才培养方面，高等院校和科研院所要持续发挥作用。在国字头科研计划项目的评审和验收以及在国家级实验室和平台建设的评估中，重点考核创新人才的培养情况。从企业层面，企业对创新人才的吸引和留任可以从分配制度入手，允许农机企业对高管和高技术人才获取期权激励。从集群层面，地方政府应在提供住房、保障医疗和子女教育方面提供物质补助，帮助高技术人才安居乐业。在产学研结合方面，选聘企业高级专家担任高校和科研机构的兼职教授或研究员，参与高校博硕士人才培养过程中，同时支持企业为高校（高职高专）建立实训、实习基地，吸引优秀的博士毕业生到企业从事研发工作。此外，还应关注农机企业工人。低成本的劳动力会增加企业效益，一线生产工人的低流动率可以节约招聘成本和新员工适应新工作的无形成本，工人工资应随着消费水平增加而定期增长，对于技能型工人尤其要给予关注，否则劳动力流动过快会使集群规模骤减，进而降低农机企业集群的效益。因此，根据实际情况重视薪酬体系的研究，适当提高农机行业劳动力工资水平，注重加强劳动力专业技能培训，注重研究高素质人才的需求，注重形成人才引进优势，从而吸引其他区域的劳动力流入农机产业集群内部。

6.3　本章小结

本章基于前文的分析，结合产业集群发展理论，立足我国农机产业集群的特征和存在的问题，提出了我国农机产业集群可持续发展的路径，即采取内生驱动、外生推动和基础支撑相结合的方式共同驱动集群可持续发展。内生驱动路径是指从农机产业集群内的构成要素出发，加快集群内信息和知识的流动，对农机产业链进行整合，在技术、管理、品牌和竞合机制进行创新，通过创新活动带动集群可持续发展；外生推动路径是指依靠农机产业集群外部的相关要素推动农机产业集群可持续发展，包括战略需求导向、嵌入全球价值链网络和政策导向等形式；基础支撑是指制度环境和文化环境。在此基础上，提出了我国农机产业集群可持续发展的对策，即加强政府扶持、完善农机中介服务体系、加强基础设施建设和关注高素质人力资本。

第 7 章

结论与展望

7.1 研究结论

本书从我国农机产业的特点出发，运用区位理论、新经济地理论、系统动力学等理论与方法，对我国农机产业集群内涵、特征与结构进行了界定和分析。在此基础上，对我国农机产业集群的形成条件、影响因素、演化机制、可持续发展动力机制进行了深入研究，对我国农机产业集群演化所处的阶段进行了识别和评价，运用系统动力学方法对我国农机产业集群可持续发展的动力机制进行了仿真模拟，从而探索了我国农机产业集群可持续发展的路径和对策，本书得到以下六个主要研究结论。

第一，我国存在农机产业集群现象，但集群发展亟须理论指导。通过阅读和分析文献，结合专家访谈，借鉴制造业产业集群相关研究成果和实践成果，认为农机产业集群是农机企业和相关服务机构基于当地独有的自然条件和特色人文环境在空间和地域上的集中，产业之间有规律地结合在一起的经济集合体。与传统产业集群不同，农机产业集群对农机政策高度敏感，社会资本对其具有强力带动作用，同时，对季节变动具有依赖特性。农机产业集群的发展有利于缓解区域内"三农"问题，促进社会主义新农村建设，但集群的发展仍存有诸多障碍。因各国农机产业发展存在差异，国内外的相关研究也有所不同，国外对产业集群的研究主要集中在制造业和高新技术企业，聚焦农机产业的较少，国内对农机产业集群的研究则偏于定性研究，且多为提出问题，相应的政策建议针对性不强，没有从集群形成的内在机理、集群演化阶段的特征以及集群发展的动力因素的角度去思考农机产业集群可持续发展的问题。

　　第二，农机产业完全满足集群形成的条件，农机产业走集群化发展道路是一种必然趋势，集群强调企业在一定区域内的集聚、产业之间的关联和地域的根植性。本书结合农机产业自身的特征，从农机产业集群形成的基础条件和环境条件两个方面进行分析和判断，农机产品的可分解性、可运输性、农机生产所需能力多样性的特点、农机市场需求的波动性等满足了集群形成的基础条件；而农机生产所需的资源禀赋、根植性的地域文化、企业家精神、政府制度的持续供给以及公共服务机构的积极作用则符合农机产业集群形成的环境条件。基于上述条件，本书构建了农机产业集群形成影响因素的框图，根据对国内农机产业政府部门、高等院校、研究机构、企业等不同层面的专家开展问卷调查的统计数据，使用因子分析法对农机产业集群形成的影响因素进行评价的结果表明，农机产业集群的形成主要依靠区位环境因子、集群辐射效应因子、创新环境因子、产业要素因子和行业合作因子。其中，"区位环境因子"得分最高，为4.3313，"集群辐射效应因子"得分为3.7788，"创新环境因子"得分为2.9206，"产业要素因子"得分为2.1409，"行业合作因子"得分为1.8398，说明集群形成的关键影响因素是"人力资源""基础设施"和"农机产业优惠政策""政府政策支持""企业规模""龙头企业带动""专业市场""集群的品牌效应""运输成本"等，地方政府可从这几个方面入手制定相应政策促进区域农机产业集群的形成。之后重新构建了由上述 5 个主因子 18 个影响因素组成的框图，可为政府制定政策提供参考，为研究农机产业集群形成提供分析思路。

　　第三，基于产业集群生命周期演化理论和指数增长模型将我国农机产业集群划分为形成期、成长期、成熟期和衰退期四个阶段，每个阶段的演化机制各有不同。在集群的形成阶段，企业规模小、技术人才少、企业关联度低、缺乏知识信息交流途径，这一阶段的企业通过竞争显现彼此间的差异，通过优胜劣汰推动系统向更高层迈进。在集群的成长阶段，大量的农机企业开始进入集群内部，集群内主体之间联系逐渐增多，与集群相关的辅助性产业逐渐成立，政府相关扶持政策也营造了发展环境。在集群的成熟阶段，相关辅助机构得以完善，农机产业集群产业链体系逐渐趋于完整，出现良性循环。此时成熟的农机产业集群进一步演化可能出现两种情况，即继续发展或走向衰弱。在集群的衰退阶段，政府若能出台相关措施积极引导集群进行战略调整和转型升级，集群还有扭转颓势的机会。农机产业集群的衰退不是突然的崩溃瓦解，而是集群内部学习机制不完善、创新意识薄弱、工作效率低下、恶性竞争等原因导致的后果。

第四，根据对农机产业集群演化阶段的识别与评价，判断我国农机产业集群多处于形成期或成长期。为识别农机产业集群所处的演化阶段，便于有针对性地提出集群发展的政策，本书综合运用区位商法、GESS 模型、层次分析法和模糊数学方法构建了对我国农机产业集群的演化阶段识别与评价方法。区位商法的计算结果表明，山东农机产业存在着集聚现象且集聚程度较高；基于GESS 模型，对山东农机产业集群进行定性分析的结果表明山东农机产业集群处于演化的成长阶段；基于层次分析法和模糊数学评价法，超过六成的专家认为山东农机产业集群属于成长阶段、成熟阶段。综合三种识别评价方法，可以判别山东农机产业集群处于成长阶段。因此，山东农机企业应与环境相适应，积极招揽人才、扩宽知识获取渠道，通过竞争得出差异，根据差距填补不足，最后根据优胜劣汰原则推动产业集群发展进步。

第五，农机产业集聚的可持续发展过程也是其树立自身竞争优势的过程，同时也是其发挥集聚效应给其内部各成员组织带来效益的过程。当动力机制不断成熟时，农机产业集群的竞争优势就不断提高。农机产业集群可持续发展动力因素分为根植性动力、创新性动力、外部性动力和市场需求动力，本书基于上述动力因素构建了农机产业集群可持续发展系统动力学模型，以山东农机产业集群为例，经过检验的系统动力学模型仿真结果分析表明，创新性动力在农机产业集群可持续发展中起着非常关键的作用。仿真结果还表明，固定资产投资对山东农机产业集群发展的影响大于国内市场销售增长率对集群发展的影响。因此，在扩大农机产品的市场需求、提高产品市场份额的同时也要保证固定资产投资合理稳定增长。

第六，农机产业集群可持续发展路径并不单一，农机产业集群是在集群的各因素的共同作用下不断成长的。结合产业集群发展理论，立足我国农机产业集群的特征和存在的问题，提出了我国农机产业集群可持续发展的路径，即采取内生驱动、外生推动和基础支撑相结合的方式共同驱动集群可持续发展。内生驱动路径指的是从农机产业集群内的构成要素出发，加快集群内信息和知识的流动，对农机产业链进行整合，在技术、管理、品牌和竞合机制进行创新，通过创新活动带动集群可持续发展；外生推动路径指的是依靠农机产业集群外部的相关要素推动农机产业集群可持续发展，包括战略需求导向、嵌入全球价值链网络和政策导向等形式；基础支撑力指的是制度环境和文化环境。此外，提出了我国农机产业集群可持续发展的对策，即加强政府扶持、完善农机中介服务体系、加强基础设施建设和关注高素质人力资本。

7.2　主要创新点

本书在前人研究的基础之上,对农机产业集群形成机理、演化机制和可持续发展路径方面做了探索性研究,研究可能在以下三个方面具有创新性。

（1）构建了农机产业集群形成影响因素的框架。在实地访谈和问卷调查的基础上,本书对影响农机产业集群形成的 28 个可能的因素进行了因子分析发现,有别于其他产业集群,农机产业集群的形成主要受集群辐射效应、创新环境、区位环境、产业要素和行业合作这 5 个主因子的影响,据此构建的由18 个因素构成的农机产业集群形成影响因素的框架,为研究农机产业集群形成机理提供了理论支撑,丰富了农机产业集群的理论体系,为农机产业集群的培育和发展提供了新思路。

（2）构建了农机产业集群演化阶段识别模型和评价体系。本书结合集群的生命周期理论,对农机产业集群演化阶段的主导机制进行了分析,基于产业集群生命周期演化理论和指数增长模型,将我国农机产业集群划分为四个阶段:形成阶段、成长阶段、成熟阶段和衰退阶段。基于 GESS 模型,运用区位商法、层次分析和模糊数学评价方法对农机产业集群的演化阶段进行识别与评价,这对于政府按照集群所处的发展阶段制定现实可行的集群政策具有参考价值。

（3）提出了农机产业集群可持续发展“三位一体”驱动路径。我国农机产业的整体实力与发达国家相比差距较大,农机产业集群化发展可为产业发展带来新的活力,是农机产业提升国际竞争力的首要选择,但目前国内对如何实现农机产业集群可持续发展的研究比较罕见。本书在应用系统动力学的观点和方法研究农机产业集群的可持续发展动力机制的基础上,结合农机产业集群的特征,通过内生驱动、外生推动和基础支撑相结合的方式,构建我国农机产业集群可持续发展的“三位一体”驱动路径,为我国农机产业集群可持续发展提供新的发展思路与对策,为后人开展研究提供了借鉴。

7.3　研究展望

我国农机产业集群目前从整体上看处于发展的初级阶段,很多地区虽然

"号称"产业集群，但实际上与工业园区无差，只是形式上的集聚，未能产生集聚的效益。本书只是从农机产业集群形成和演进的生命周期角度，采用系统动力学方法研究了农机产业集群可持续的动力机制，结合农机产业发展的现实情况，提出了我国农机产业集群可持续发展的对策。由于农机产业集群理论研究是一个较新的课题，限于多种条件制约，加之研究者能力有限，研究中存在着以下不足，需要在未来的研究中予以改进。

第一，调研方式还应多样化。因为本书部分调研主要采取网络调研形式，问卷大多是匿名进行，所以对调查中有些专家的意见不能做到面对面咨询，对农机产业真实情况的把握尚有一定差距。比如，在农机产业集群形成影响因素问卷调查中，有专家提出，要将"土地集约化程度"列入农机产业集群形成影响因素里，这个想法在其他制造业产业集群中未有专家提及，但因为农机行业主要服务于农业，所以这个因素应该是值得研究和推敲的地方。虽然后面在进行农机产业集群演化阶段识别模型中已经将该因素加进去，但分析力度还有所欠缺。

第二，实证研究还存在改进的余地。一方面，对农机产业集群形成影响因素研究时，最好能深入基层，与不同领域的专家了解情况。专家调查样本数量至少在 200 以上。另外，在进行系统动力学模型仿真对数据进行选择时，各因素代表变量的选取可能会影响到计量结果，所以变量的选取可做进一步地优化设计，同时由于农机产业集群刚刚起步，数据统计工作还不够完善，部分数据采取了插值法获取，部分数据来源于二手资料，可能会与实际情况有所偏差，这就要求对农机产业集群发展问题做长期的持续跟踪研究。

第三，研究范围还可以拓宽。关于农机产业集群可持续发展的动力机制研究中，本书考虑到高素质人力资本的影响，没有对其进行定量化的分析和探讨，主要原因是数据获取存在较大困难，在今后的研究工作中，如能深入集群企业调研，获得第一手数据，在系统动力学模型中将高素质人力资本动力因素纳入系统，使用相关数据进行贡献估算应该是可行的。

农机行业的发展跟其他行业的发展有许多不同之处，在政策执行的过程中，需要考虑的因素很多，并且很多因素无法直接通过文献资料、统计数据获得，相关政策无直接经验可借鉴，只能根据我国国情进行摸索前进。关于农机产业集群的形成机理和演化机制的研究，今后还需要调查研究国外农机产业集群的发展路径，关于农机产业集群成长与演进问题，尚需进一步探讨的问题还有很多，如农机产业集群如何发挥品牌效应、基于全球价值链的农机产业集群研究、农机产业集群的风险规避研究等，部分内容本书尽管有所涉及，但由于时间、精力和能力所限，研究的深度还未能展开，这些问题将是笔者今后研究的方向。本书研究工作虽已告一段落，但本着认真的研究态度，在下一步的研究中，应对理论与方法、实证做更深层次的研究，从而探索出有利于我国农机产业集群健康发展的路径。

附录 A 农机产业集群形成影响因素调查问卷

尊敬的专家:

您好! 非常感谢您在百忙之中给予大力指导。

农机产业是否具备产业集群形成的各项条件? 是否应走产业群发展道路? 现今, 农机产业集群在我国已现雏形, 但仍处于初级阶段。国内外文献中对农机产业集群的理论研究较少, 正因如此, 本书对农机产业集群的形成机理进行研究具有理论和现实意义。

请您在百忙中对农机产业集群形成影响因素进行选择, 如果您对本书研究有更多的建议, 请在问卷第三部分中填写。希望您能完整填写本问卷, 您的指导是本书研究的关键, 谢谢!

第一部分: 相关概念界定

产业集群: 在特定领域中, 在地理位置上相对集中, 且互相联系的企业和相关机构的集合, 通过共同性和互补性相联结。

农机产业集群: 在一定区域范围内, 基于当地独特的资源禀赋, 大量有相关联的产业围绕着某一农机产业, 相关支撑机构如组织、行业协会、科研机构、高等院校、银行、服务中心等由于共性或互补性而在空间和地域上集中, 产业之间有规律地结合在一起所形成的经济集合体。

第二部分: 影响因素评分 (在相应的选项前打 "√" 即可)

(一) 个人基本情况

1. 您单位的所在地是:

___省 (自治区、直辖市) ___市 (地级市) ___市 (县)

2. 您所在单位的性质：

（1）农机企业

（2）科研机构或高等学校

（3）政府单位

（4）协会或中介组织

（5）其他（请注明）＿＿＿＿＿＿＿＿＿＿＿＿＿

3. 您的职务：

（1）高级管理人员　　　（2）中级管理人员　　　（3）普通员工

4. 您的职称：

（1）高级职称　　　　　（2）中级职称　　　　　（3）初级职称

5. 您所在单位经营（或研究或管理）的农机产业领域是：［多选题］

（1）拖拉机制造

（2）机械化农业及园艺机具制造产业

（3）营林及木竹采伐机械制造

（4）畜牧机械制造

（5）渔业机械制造

（6）农林牧渔机械配件制造

（7）棉花加工机械制造

（8）其他、林、牧、渔业机械制造

6. 您的业务领域（研究领域）：

（1）农机技术研发

（2）农机原材料与零部件生产

（3）农机产品生产

（4）农机产品销售

（5）相关的辅助服务

（6）质量监控

（7）其他（请注明）＿＿＿＿＿＿＿＿＿＿＿＿＿

7. 您从事农机产业相关工作或研究的时间：

（1）小于 1 年　　　　（2）1 ~ 3 年　　　　（3）4 ~ 5 年

（4）6 ~ 10 年　　　　（5）大于 10 年

（二）总体判断

1. 您是否赞同农机产业应走产业集群发展模式：

（1）非常不同意　　　（2）不太同意　　　（3）不确定

（4）同意　　　　　　（5）非常同意

2. 您所在的农机产业或研究领域的产业集聚程度如何：

（1）非常低　　　　　（2）较低　　　　　　（3）一般

（4）较高　　　　　　（5）非常高

3. 您所在的农机产业或研究领域中，农机企业、高等院校、科研机构和行业协会等中介组织间的交流合作程度如何：

（1）非常低　　　　　（2）较低　　　　　　（3）一般

（4）较高　　　　　　（5）非常高

4. 您认为显性知识（如来自教育和文献资料等可以编码的知识）和隐性知识（只可意会不可言传的经验类知识）对农机产业的创新发展哪个更重要：

（1）显性知识（通俗地称为书本上的知识）

（2）隐性知识（通俗地称为经验类知识）

（3）不确定

（三）影响因素

请判断各影响因素对农机产业集聚形成的影响的大小，如影响因素"共享劳动力市场"对农机产业集聚形成有多大影响，在相应的选项上进行选择。

1. 农机资源禀赋（指区域内制造业发展水平，好的制造业发展水平可促进农机产业集群的形成和发展）

（1）没有影响　　　　（2）影响较小　　　　（3）影响一般

（4）影响较大　　　　（5）影响很大

2. 农机产业优惠政策（国家对农机产业的优惠政策，如企业税收减免、国家对企业的财政补贴、国家对消费者的农机购置补贴等，政府政策越完善，农机产业集群发展就越好）

（1）没有影响　　　　（2）影响较小　　　　（3）影响一般

（4）影响较大　　　　（5）影响很大

3. 产业资本（农机产业隶属于制造业，属于资本密集型产业，需要投入较多资本到本行业，因此，集群更容易选择资本密集的区域）

（1）没有影响　　　　（2）影响较小　　　　（3）影响一般

（4）影响较大　　　　（5）影响很大

4. 人力资源（指具有劳动能力并符合集群要求的劳动者的素质和数量，这些劳动者不仅包括企业的高级技术人才、高级财务人才、高级管理人才，还包括普通劳动力资源，农机产业正向现代化、智能化、信息化方向发展，集群发展离不开农机专业技术人才）

（1）没有影响   （2）影响较小   （3）影响一般

（4）影响较大   （5）影响很大

5. 基础设施（主要包含与农机产业集群生产活动相关的基础建设和社会性服务设施，如水电气、商业、交通通信、信息、科研与技术、体育卫生、园林绿化、邮政电信、文化教育等）

（1）没有影响   （2）影响较小   （3）影响一般

（4）影响较大   （5）影响很大

6. 产业链长度（农机产业链越长，其延展的潜力就越大，分工合作也更容易）

（1）没有影响   （2）影响较小   （3）影响一般

（4）影响较大   （5）影响很大

7. 专业化分工程度（分工程度对交易网络影响较大，分工越细则交易网络形成越快，交易成本会迅速增加，为了减少交易成本，产业更容易形成集群）

（1）没有影响   （2）影响较小   （3）影响一般

（4）影响较大   （5）影响很大

8. 劳动力成本（农机产业集群更容易选择在劳动力成本低的区域）

（1）没有影响   （2）影响较小   （3）影响一般

（4）影响较大   （5）影响很大

9. 市场波动性（农机企业为降低市场波动风险，就会集聚在一起，形成产业集群，对市场情况的变动越敏感，就越可能形成产业集群）

（1）没有影响   （2）影响较小   （3）影响一般

（4）影响较大   （5）影响很大

10. 农机市场需求（农机市场需求水平越高，越容易形成集群发展）

（1）没有影响   （2）影响较小   （3）影响一般

（4）影响较大   （5）影响很大

11. 产业关联度（农机产业通过前后向联系利于农机产品在生产条件、最终用途和销售渠道等方面产生关联，从而提高产业竞争力）

（1）没有影响   （2）影响较小   （3）影响一般

（4）影响较大   （5）影响很大

12. 企业规模（指企业的固定资产、产品生产等方面的集中程度。规模越大的企业能带来更明显的规模经济）

（1）没有影响   （2）影响较小   （3）影响一般

（4）影响较大 　　　　（5）影响很大

13. 创新创业文化（创新创业文化具有凝聚、导向、激励及协调的作用。农机现代化需要技术创新，要有创新就需要浓厚的创新氛围，以此，农机产业集群会倾向于在有创新创业文化氛围的区域产生）

（1）没有影响 　　　（2）影响较小 　　　（3）影响一般

（4）影响较大 　　　（5）影响很大

14. 区域技术创新水平（有农机技术基础的地区越易形成农机产业集群）

（1）没有影响 　　　（2）影响较小 　　　（3）影响一般

（4）影响较大 　　　（5）影响很大

15. 区域经济发展水平（区域经济发展的比较好的地区更利于农机产业集群的形成）

（1）没有影响 　　　（2）影响较小 　　　（3）影响一般

（4）影响较大 　　　（5）影响很大

16. 能源消费需求（农机生产过程中的能源消费需求越高，发展农机产业集群就越迫切）

（1）没有影响 　　　（2）影响较小 　　　（3）影响一般

（4）影响较大 　　　（5）影响很大

17. 产学研结合（企业在产学研合作中提供市场渠道，可以为高校和科研院所提供人力、资金和市场信息等；高校、科研院所又为企业提供知识、人才和技术等）

（1）没有影响 　　　（2）影响较小 　　　（3）影响一般

（4）影响较大 　　　（5）影响很大

18. 共享辅助性行业（集聚之所以产生，是因为可以共享专业化的供应商、共享研发平台、信息咨询等辅助性资源）

（1）没有影响 　　　（2）影响较小 　　　（3）影响一般

（4）影响较大 　　　（5）影响很大

19. 共享劳动力市场（农机企业会因为共享劳动力市场而集聚到一起）

（1）没有影响 　　　（2）影响较小 　　　（3）影响一般

（4）影响较大 　　　（5）影响很大

20. 知识分享与溢出（农机企业因面对面交流更容易获取经验类知识而集聚在一起）

（1）没有影响 　　　（2）影响较小 　　　（3）影响一般

（4）影响较大 　　　（5）影响很大

21. 龙头企业带动（带动作用是指在开拓市场、科技创新、带动农户和促进区域经济发展等方面的带头示范和引领作用）

(1) 没有影响　　　　(2) 影响较小　　　　(3) 影响一般

(4) 影响较大　　　　(5) 影响很大

22. 企业间协作（指上游、下游企业分工完成某一工序，共同生产商品或提供服务等行为）

(1) 没有影响　　　　(2) 影响较小　　　　(3) 影响一般

(4) 影响较大　　　　(5) 影响很大

23. 企业间模仿（是企业在技术能力较弱时的生存方式。趋同性模仿促使形成企业集群，效率性模仿可使企业学习和成长的成本降低，而合法性模仿使模仿行为合理存在）

(1) 没有影响　　　　(2) 影响较小　　　　(3) 影响一般

(4) 影响较大　　　　(5) 影响很大

24. 运输成本（一个好的物流体系可以使产业更容易在交通便利、运输成本低的地方形成集群）

(1) 没有影响　　　　(2) 影响较小　　　　(3) 影响一般

(4) 影响较大　　　　(5) 影响很大

25. 政府政策支持（地方政府对农机产业集群做出规划，对集群服务体系的扶持和发展环境的营造等）

(1) 没有影响　　　　(2) 影响较小　　　　(3) 影响一般

(4) 影响较大　　　　(5) 影响很大

26. 专业市场（包括定期召开农机博览会、供销会等专业销售推广会议，其优势是能够降低商品交易的费用）

(1) 没有影响　　　　(2) 影响较小　　　　(3) 影响一般

(4) 影响较大　　　　(5) 影响很大

27. 集群的品牌效应（即集群的知名度，包括产品是否有国家地理标志，是否是国家级、省级或市级名牌产品，是否具有很大的市场占有率）

(1) 没有影响　　　　(2) 影响较小　　　　(3) 影响一般

(4) 影响较大　　　　(5) 影响很大

28. 外商投资

(1) 没有影响　　　　(2) 影响较小　　　　(3) 影响一般

(4) 影响较大　　　　(5) 影响很大

第三部分：开放题

除了以上因素外，请把您认为农机产业集群形成的其他可能影响因素（包括集聚因素和区位因素）在这里进行补充，并简单附言说明：

附录 B　山东农机产业集群演化阶段识别调查问卷

尊敬的专家：

　　您好！本书结合国内外相关文献资料，设计了 GESS 模型，基于该模型，设计了农机产业集群演化阶段识别评价体系，如附图 1-1 所示。该评价体系包括 4 个一级指标和农机产业优惠政策、区域经济发展水平和集群品牌效应等 15 个二级指标。本书采用层次分析法确定评价指标权重，用模糊数学评价法的农机产业集群最终无纲量化值即最终得分，附表 1-1 为判断矩阵标度。请您在百忙之中，依据附表 1-1 的说明对 1~29 题进行打分和评价。您的指导是本课题研究的关键，感谢您的大力支持和指导！

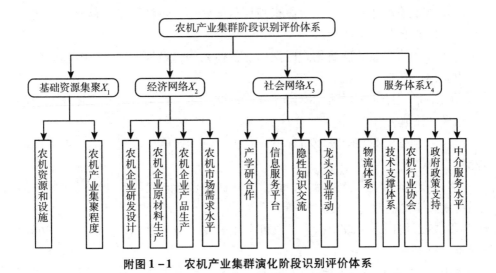

附图 1-1　农机产业集群演化阶段识别评价体系

附表 1 - 1　　　　　　　　　　　判断矩阵标值的含义

序号	标值	含义
1	1	两个指标具有相同的重要性
2	3	表示一个指标比另一个指标略微重要
3	5	表示一个指标比另一个指标明显重要
4	7	表示一个指标比另一个指标强烈重要
5	9	表示一个指标比另一个指标极端重要
6	倒数	如 i 指标与 j 指标的重要性之比为 b_{ij}，那么 j 指标与 i 指标的重要性之比为 $b_{ji} = 1/b_{ij}$

请专家根据附表 1 - 1 对 1 ~ 29 题进行选择打分，备选答案见 A ~ Q，若有不同意见请在其他处填写。

A 1 : 1　B 3 : 1　C 5 : 1　D 7 : 1　E 9 : 1　F 1 : 3　G 1 : 5　H 1 : 7　I 1 : 9

1. 在农机产业集群演化阶段识别评价体系中，基础资源集聚与经济网络的相对重要性比值为（　　）。

2. 在农机产业集群演化阶段识别评价体系中，基础资源集聚与社会网络的相对重要性比值为（　　）。

3. 在农机产业集群演化阶段识别评价体系中，基础资源集聚与服务体系的相对重要性比值为（　　）。

4. 在农机产业集群演化阶段识别评价体系中，经济网络与社会网络的相对重要性比值为（　　）。

5. 在农机产业集群演化阶段识别评价体系中，经济网络与服务体系的相对重要性比值为（　　）。

6. 在农机产业集群演化阶段识别评价体系中，社会网络与服务体系的相对重要性比值为（　　）。

7. 在基础资源集聚一级指标下，农机资源和设施与农机产业集聚程度的相对重要性比值为（　　）。

8. 在经济网络一级指标下，农机企业研发设计与农机企业原材料生产的相对重要性比值为（　　）。

9. 在经济网络一级指标下，农机企业研发设计与农机企业产品生产的相对重要性比值为（　　）。

10. 在经济网络一级指标下，农机企业研发设计与农机市场需求水平的相对重要性比值为（　　）。

11. 在经济网络一级指标下，农机企业原材料生产与农机企业产品生产的相对重要性比值为（   ）。

12. 在经济网络一级指标下，农机企业原材料生产与农机市场需求水平的相对重要性比值为（   ）。

13. 在经济网络一级指标下，农机企业产品生产与农机市场需求水平的相对重要性比值为（   ）。

14. 在社会网络一级指标下，产学研结合与信息服务平台的相对重要性比值为（   ）。

15. 在社会网络一级指标下，产学研结合与隐性知识交流的相对重要性比值为（   ）。

16. 在社会网络一级指标下，产学研结合与龙头企业带动的相对重要性比值为（   ）。

17. 在社会网络一级指标下，信息服务平台与隐性知识交流的相对重要性比值为（   ）。

18. 在社会网络一级指标下，信息服务平台与龙头企业带动的相对重要性比值为（   ）。

19. 在社会网络一级指标下，隐性知识交流与龙头企业带动的相对重要性比值为（   ）。

20. 在服务体系一级指标下，物流体系与技术支撑体系的相对重要性比值为（   ）。

21. 在服务体系一级指标下，物流体系与农机行业协会的相对重要性比值为（   ）。

22. 在服务体系一级指标下，物流体系与政府政策支持的相对重要性比值为（   ）。

23. 在服务体系一级指标下，物流体系与中介服务水平的相对重要性比值为（   ）。

24. 在服务体系一级指标下，技术支撑体系与农机行业协会的相对重要性比值为（   ）。

25. 在服务体系一级指标下，技术支撑体系与政府政策支持的相对重要性比值为（   ）。

26. 在服务体系一级指标下，技术支撑体系与中介服务水平的相对重要性比值为（   ）。

27. 在服务体系一级指标下，农机行业协会与政府政策支持的相对重要性比值为（   ）。

28. 在服务体系一级指标下，农机行业协会与中介服务水平的相对重要性比值为（　　）。

29. 在服务体系一级指标下，政府政策支持与中介服务水平的相对重要性比值为（　　）。

对山东农机产业集群评价结果分为好（成熟期）、较好（成长期）、中（形成期）、较差（尚未形成）、差（远未形成）。请专家在附表1-2适合的评价等级中打"√"。

附表1-2　　　　　　　　山东农机产业集群评价调查表

	好	较好	中	差	较差
农机资源和设施					
农机产业集聚程度					
农机企业研发设计					
农机企业原材料生产					
农机企业产品生产					
农机市场需求水平					
产学研合作					
信息服务平台					
龙头企业带动					
隐性知识交流					
物流体系					
技术支撑体系					
农机行业协会					
政府政策支持					
中介服务水平					

参 考 文 献

[1] 蔡莉，柳青. 科技型创业企业集群共享性资源与创新绩效关系的实证研究 [J]. 管理工程学报，2008（2）：19-23.

[2] 蔡宁，杨闩柱，吴结兵. 企业集群风险的研究：一个基于网络的视角 [J]. 中国工业经济，2003（4）：59-64.

[3] 陈国宏，王丹. 沈阳市特色产业集群识别研究 [J]. 沈阳师范大学学报（社会科学版），2010，34（3）：39-41.

[4] 陈林杰. 面向中国—东盟合作的广西农机产业建设思考 [R]. 中国农业机械化论坛，2010.

[5] 陈志. 新常态下的中国农机工业 [J]. 农业机械，2016（11）：37-37.

[6] 程玉桂. 江西农产品加工产业集群的识别与优劣势分析——基于区位商（LQ）理论的研究 [J]. 江西社会科学，2009（7）：218-221.

[7] 党东民. 促进农机产业集群与区域品牌发展 [J]. 农机市场，2011（10）：9.

[8] 第一工程机械网. 刘振营：中国农机行业的特点及发展机遇 [EB/OL]. 2016年3月31日. http：//news. d1cm. com/2016033180449. shtml.

[9] 第一工程机械网. 2014年我国农业机械行业进出口统计数据分析 [EB/OL]. 2014年12月9日. http：//www. 21cme. cn/article-32154. html.

[10] 杜浦，卜伟. 基于SWOT分析的中国农机产业发展研究 [J]. 中国农机化学报，2014（4）：301-304.

[11] 杜浦，卜伟. 中国农机产业竞争力实证研究 [J]. 经济问题探索，2014（7）：108-111.

[12] 段浩楠. 基于系统动力学的哈尔滨市装备制造业集群发展仿真研究 [D]. 黑龙江：东北林业大学，2013.

[13] 冯天琦. 我国农机行业投资策略研究 [D]. 黑龙江：哈尔滨工业大学，2014.

[14] 付金存，赵洪宝，李豫新. 新经济地理理论视域下地区差距的形成

机制及政策启示 [J]. 经济体制改革, 2014 (5): 43 – 47.

[15] 付泳. 基于社会资本的企业集群文化培育 [J]. 兰州大学学报 (社会科学版), 2009 (4): 82 – 87.

[16] 郭立伟, 沈满洪. 基于区位商和 NESS 模型的新能源产业集群水平识别与评价——以浙江省为例 [J]. 科学学与科学技术管理, 2013 (5): 70 – 79.

[17] 郭立伟. 新能源产业集群发展机理与模式研究 [D]. 浙江: 浙江大学, 2014.

[18] 洪暹国. 农机工业 "十二五" 圆满收官, "十三五" 需加快转型 [EB/OL]. 2016 年 4 月 6 日. http://www. nongjitong. com/news/2016/385136. html.

[19] 侯方安. 农机制造企业集群发展战略研究 [J]. 农业装备与车辆工程, 2006 (4): 13 – 16.

[20] 华金园. 乐平市: 建成农机专业大市场 [J]. 南方农机, 2016 (5): 10.

[21] 黄任群. 不同类型产业集群发展影响因素比较研究——以环杭州湾为例 [D]. 浙江: 浙江大学, 2006.

[22] 纪月清, 王亚楠, 钟甫宁. 我国农户农机需求及其结构研究——基于省级层面数据的探讨 [J]. 农业技术经济, 2013 (7): 19 – 26.

[23] 焦伟, 李维华. 中国制造 2025 之农业机械发展分析和思考 [J]. 农业装备与车辆工程, 2016 (6): 65 – 68.

[24] 金寒月. 产业集聚理论研究述评 [J]. 时代金融, 2015 (585): 192 – 193.

[25] 金镭. 产业集群的形成和演化机制研究 [M]. 北京: 原子能出版社, 2008.

[26] 李广志, 李同升, 孙文文, 等. 产业集群的识别与选择分析: 基于陕西省产业集群的研究 [J]. 人文地理, 2007 (6): 57 – 60.

[27] 李世武, 陈志, 杨敏丽. 农机农艺结合问题研究 [J]. 中国农机化, 2011 (4): 10 – 13, 17.

[28] 李树君. 中国战略性新兴产业研究与发展——农业机械 [M]. 北京: 机械工业出版社, 2013.

[29] 刘畅, 尚航标. 国有林区生态产业集群定位与发展路径研究 [J]. 林业经济问题, 2013 (2): 125 – 130.

[30] 刘芬, 邓宏兵, 李雪平. 增长极理论、产业集群理论与我国区域经济发展 [J]. 华中师范大学学报 (自然科学版), 2007, 41 (1): 130 – 133.

[31] 刘军国. 传统产业集聚中的报酬递增 [J]. 技术经济, 2001 (1): 57 – 59.

[32] 刘荣. 对加强机械制造业及农机产业发展的思考 [J]. 中共乐山市委党校学报, 2008 (5): 43 – 44.

[33] 柳琪. 中国农机竞争全景图 (11) ——农机产业集群之间的竞争 [J]. 农业机械, 2012 (9): 75 – 78.

[34] 吕岩威, 孙慧, 何伦志. 基于三维度模型的产业集群识别研究 [J]. 21 世纪数量经济学, 2011 (12): 280 – 297.

[35] 罗刚强, 赵涛. 略论中国农机产业的市场结构、企业行为与产业绩效 [J]. 中国农机化学报, 2009 (5): 24 – 26.

[36] 马中东. 基于技术分工和社会分工的产业集群形成机理分析 [J]. 广东社会科学, 2007 (4): 42 – 46.

[37] 马宗国, 张咏梅. 产业集群的理论综述 [J]. 湖北经济学院学报 (人文社会科学版), 2006, 3 (1): 16 – 17.

[38] 米强. 杨凌农机产业发展模式与政策研究 [D]. 陕西: 西北农林科技大学, 2014.

[39] 农机通网. 山东省关于农业机械化转型升级实施方案 (征求意见稿) 公开征求意见的函 [EB/OL]. 2015 年 9 月 7 日. http://www.nongjitong.com/news/2015/374400.html.

[40] 仇保兴. 小企业集群研究 [M]. 上海: 复旦大学出版社, 1999.

[41] 阮建青, 石琦, 张晓波. 产业集群动态演化规律与地方政府政策 [J]. 管理世界, 2014, 255 (12): 87 – 99.

[42] 史筱飞, 聂静. 山东省农业机械专利分析 [J]. 中国农机, 2012 (6): 45 – 48, 51.

[43] 隋广军, 申明浩. 产业集聚生命周期演进的动态分析 [J]. 经济学动态, 2004 (11): 39 – 41.

[44] 孙慧, 李小双, 李苑. 产业集群识别方法综合使用及其实证分析 [J]. 科技进步与对策, 2011, 28 (21): 60 – 63.

[45] 谭崇静, 杨仕. 基于钻石模型的重庆微耕机产业集群竞争力分析 [J]. 农机化研究, 2013, 3 (10): 6 – 10.

[46] 唐凯江, 蒋永穆. 产业集群演化论 [M]. 北京: 社会科学文献出版社, 2013.

[47] 陶一山, 姚海琳. 产业集群的阶段性演进机制分析 [J]. 湖南大学

学报（社会科学版），2006，20（6）：89 - 93.

[48] 田援利，张洪芹，王晓亮. 倾力打造现代化的农业装备领先品牌——访福田雷沃重工副总经理兼农业装备事业本部经理王玉荣 [J]. 山东农机化，2011（1）：28 - 29.

[49] 王发明. 产业集群的识别界定：集群度. 经济地理，2008（1）：33 - 37.

[50] 王缉慈. 超越集群 [M]. 北京：科学出版社，2013.

[51] 王其藩. 系统动力学 [M]. 上海：上海财经大学出版社，2009.

[52] 王孝斌，王学军. 创新集群的演化机理 [M]. 北京：科学出版社，2011.

[53] 王志成，刘振营. "农机制造 + 互联网"为行业带来的机会与挑战 [J]. 农业机械，2015（7）：44 - 50.

[54] 王仲智，王富喜，林炳耀. 增长极理论的困境：基于产业集群视角的思考 [J]. 现代经济探讨，2005（5）：12.

[55] 魏守华. 集群竞争力的动力机制以及实证分析 [J]. 中国工业经济，2002（10）：27 - 34.

[56] 吴海华，方宪法，王德成. 我国农业装备产业集中度分析 [J]. 农机化研究，2013（4）：25 - 28.

[57] 吴义杰，何健. 产业集群的演化过程及形成机制 [J]. 甘肃社会科学，2010（5）：181 - 184.

[58] 徐本华. 农业产业集群的形成机理分析及政策建议 [J]. 科技与经济，2012，145（1）：66 - 70.

[59] 徐康宁. 产业聚集形成的源泉 [M]. 北京：人民出版社，2006.

[60] 徐敏燕，左和平. 行为机制、组织环境与产业集群演化——以景德镇陶瓷产业为例 [J]. 江西社会科学，2013（4）：59 - 63.

[61] 徐荣辉. 逻辑斯蒂方程及其应用 [J]. 山西财经大学学报，2010（S2）：311 - 312.

[62] 许天瑶，耿贵胜，吕黄珍. 关于新时期我国农机工业和农业机械化发展的思考 [J]. 农机市场，2015（10）：31 - 32.

[63] 颜廷武，李凌超，张俊飚. 生产效率导向下中国农机装备制造业发展地区评价与路径选择 [J]. 中国科技论坛，2015（7）：123 - 129.

[64] 杨锋，白人朴，杨敏丽. 我国农机工业的产业集群研究 [J]. 农机化研究，2007（3）：1 - 4.

［65］杨敏丽，白人朴．农业机械总动力与影响因素关系分析［J］．农机化研究，2004（6）：45 - 47.

［66］杨敏丽，涂志强．完善农机购置补贴政策推动农机化又好又快发展［J］．当代农机，2009（3）：21 - 22.

［67］杨敏丽．新常态下中国农业机械化发展问题探讨［J］．南方农机，2015（1）：7 - 11.

［68］杨晓蓓，范卫华．兼并重组，农机企业做大做强之路［J］．农机市场，2010（7）：29 - 31.

［69］杨印生，舒坤良．低碳农业机械化与农业机械低碳化［J］．农机化研究，2015（2）：6 - 9.

［70］叶建亮．知识溢出与企业集群［J］．经济科学，2001（3）：23 - 30.

［71］易丹丹，李晓红，焦长丰．我国农户农业装备现状及需求调查［J］．中国农机化学报，2006（5）：64 - 67.

［72］于东科．2015 年我国农业机械进出口分析［J］．农机市场，2016（4）：57 - 59.

［73］俞忠英．民营小企业的集群化与国有小企业的离散化［J］．经济研究参考，1998（50）：35 - 40.

［74］喻卫斌，崔海潮．产业集群形成与演化机理［J］．西北大学学报（哲学社会科学版），2005（3）：113 - 116.

［75］约翰·冯·杜能．孤立国同农业和国民经济的关系［M］．北京：商务印书馆，2011.

［76］张聪群．产业集群互动机理研究［M］．北京：经济科学出版社，2007.

［77］张红，宋文飞，韩先锋等．山东省固定资产投资效率的演进轨迹及影响因素分析：1981 - 2011［J］．华东经济管理，2014（1）：21 - 25.

［78］张会新，杜跃平，白嘉．陕北资源产业集群的区位熵和 RIS 模型分析［J］．资源科学，2009，31（7）：1205 - 1210.

［79］张加余．我国农机工业发展的现状及思考［J］．江苏农机化，2015（2）：34 - 35.

［80］张晓露，袁旭东．基于产业集群的工业园区发展模式研究——以咸阳市显示器件产业园为例［J］．管理观察，2009（15）：208 - 210.

［81］张秀武，林春鸿．产业集群内技术创新扩散的空间展开分析及启示［J］．宏观经济研究，2014，192（11）：116 - 120，139.

[82] 张占贞. 东北国有林区林业产业集群生态系统形成条件与影响因素分析 [D]. 黑龙江: 东北林业大学, 2011.

[83] 赵忠华. 产业转型背景下产业集群演化路径研究 [M]. 北京: 经济管理出版社, 2012.

[84] 中国农业机械化协会. 2016 中国农业机械化发展白皮书 [R]. 2017年3月23日.

[85] 中国行业研究网. 我国农机制造业市场前景分析 [EB/OL]. 2013年3月7日. http: //www. nongji360. com/list/20133/9393536395. shtml.

[86] 中国政府门户网站. 农业工业发展政策 [EB/OL]. 2011年8月22日. http: //www. gov. cn/zwgk/2011 - 08/22/content10930104.

[87] 中华人民共和国农业机械化促进法 (主席令第十六号), 2004年6月25日.

[88] 钟永光, 贾晓菁, 李旭. 系统动力学 [J]. 北京: 科学出版社, 2009.

[89] 周林. 我国橡胶产业集群化成长路径研究 [D]. 山东: 青岛科技大学, 2014.

[90] 卓炜. 江苏农机化发展趋势研究 [J]. 中国农机化学报, 2014, 35 (2): 4 - 8.

[91] Abebe K, Dahl DC, Olson KD. The Demand for Farm Machinery [R]. University of Minnesota, 1989.

[92] Aitziber E, Jesus M V, Santiago M. López & Mari Jose Aranguren. Cluster Life Cycles, Path Dependency and Regional Economic Development: Insights from a Meta - Study on Basque Clusters [J]. European Planning Studies, 2012, 20 (2): 257 - 279.

[93] Angie E, Mark M. Industrial Cluster Theory as an Economic Development tool: an Analysis of the Texas Wine Industry [J]. Economic Development Review, 2000.

[94] Annalee S. Regional Advantages: Silicon Valley and 128 Highway Regions' Cultural and Competition, 1992.

[95] Baldwin R E, Forslid R. The Core-periphery Model and Endogenous Growth: Stabilizing and Destabilizing Integration [J]. Economica, 2000, 67 (267): 307 - 324.

[96] Belton F, Dinghuan H. The Evolution of an Industrial Cluster in China [J]. China Economic Review, 2010: 456 - 469.

[97] Berdie DR. Reassessing the Value of High Response Rates to Mail Surveys [J]. Marketing Research, 1989, 1 (9): 52 –64.

[98] Billings SB, Johnson EB. The Location Quotient as an Estimator of Industrial Concentration [J]. Regional Science and Urban Economics, 2012, 42 (4): 642 –647.

[99] Boudeville J R. Problems of Regional Economic Planning [M]. Edinburgh University Press, 1968.

[100] Carroll M C, Reid N, Smith B W et al. Location Quotients Versus Spatial Autocorrelation in Identifying Potential Cluster Regions [J]. Annals of Regional Science, 2008, 42 (2): 449 –463.

[101] Chang Y, Chris D. Understanding the Evolution of Industrial Symbiosis Research [J]. Research and Analysis, 2013: 280 –293.

[102] Cimen M. Estimation of Daily Suspended Sediments Using Support Vector Machines [J]. Hydrol. Sci. J. , 2008, 53 (3): 656 –666.

[103] Cooke P, Roper S, Wylie P. The Golden Thread of Innovation and Northern Ireland's Evolving Regional Innovation System [J] . Regional Studies, 2003, 37 (4): 365 –379.

[104] Debertin D L, Pagoulatos A, Aoun A. Determinates of Farm Mechanization in Kentucky: An Econometric Analysis [J]. North Central Journal of Agricultural Economics, 1982, 4 (2): 73 –80.

[105] Fornahl D, Menzel M P. Co – Development of Firm Foundings and Regional Clusters [J]. Hannover Economic Papers, 2003, 71 (1): 1 –33.

[106] Francois P. Economic Space: Theory and Applications [J]. Quarterly Journal of Economics, 1950, 64 (1): 89 –104.

[107] Guerrieri P, Pietrobelli C. Old and New Forms of Clustering and Production Networks in Changing Technological Regimes Contrasting Evidence from Taiwan and Italy [J] . Science, Technology and Society: An International Journal, 2006, 11 (1): 9 –38.

[108] Harald B, Jingyuan Z. Conceptualizing Multiple Clusters in Mega-city Regions: The Case of the Biomedical Industry in Beijing [J]. Geoforum, 2016: 186 –198.

[109] Hare D, Tetsushi Sonobe, Keijiro Otsuka. Cluster – Based Industrial Development: An East Asian Model [J] . Economic Development and Cultural

Change, 2009, 57: 431 –433.

[110] Hee DK, Duk HL. The Evolution of Cluster Network Structure and Firm Growth: a Study of Industrial Software Clusters [J]. Scientometrics, 2013.

[111] Hirschman A O. The Strategy of Economic Development [M]. Boulder, CO: Westview Press, 1988.

[112] John H, Hubert S. The Triple C Approach to Local Industrial Policy [J]. World Development. 1996, 24 (12): 1859 –1877.

[113] Kim H D, Lee D H, Choe H, et al. The Evolution of Cluster Network Structure and Firm Growth: a Study of Industrial Software Clusters [J]. Scientometrics, 2014, 99 (1): 77 –95.

[114] Krivosheev D, Jiang M H. Industrial Cluster Evolution Based on SOM Neural Network [J]. Metallurgical and Mining Industry, 2015 (12): 121 –128.

[115] Krugman P. Increasing Returns and Economic Georaphy [J]. Journal of Polical Economy, 1991, 99: 483 –499.

[116] Lasuen J R. On Growth Poles [J]. Urban Studies, 1969, 6 (2): 137 –161.

[117] Lazzeretti L, Capone F. Cluster Evolution in Mature Industrial Cluster. The case of Prato Marshallian ID After the Entrance of Chinese Firm Populations (1945 –2011) [R]. ERSA Conference Papers. European Regional Science Association, 2014.

[118] Luxembourg. Innovative Hot Spots in Europe: Policies to Promote Trans-border Clusters of Creative Activity [J]. Trend Chart Policy Workshop, Background Paper on Methods for Cluster Analysis, 2003, May 5 –6.

[119] Maryann F, Johanna F, Janet B. Creating a Cluster While Building a Firm: Entrepreneurs and the Formation of Industrial Clusters [J]. Regional Studies, 2005, 39 (1): 129 –141.

[120] Padmore T, Gibson H. A framework for Industrial Cluster Analysis in Regions [J]. Research Policy, 1998 (26): 625.

[121] Pal N R, Pal S, Das J, et al. SOFM –MLP: a Hybrid Neural Network for Atmospheric Temperature Prediction [J]. IEEE Transactions on Geoscience & Remote Sensing, 2004, 41 (12): 2783 –2791.

[122] Paul. K. Increasing Returns and Economic Geography [J]. Journal of Political Economy, 1991, (99).

[123] Peier S, Martha P. A Comprasion of Dynamics of Industrial Clustering in Computing and Biotechnolodge [J]. Research Policy, 1995 (25): 1129 –1157.

[124] Pfeffer, J. Power in organizations [R]. Cambridge, MA, Ballinger, 1981.

[125] Porter ME. Research Triangle: Clusters of Innovation Initiative [M]. Washington, DC: Council on Competitiveness, 2002.

[126] Prior M J. A Method for Estimating the Demand for Agricultural Machinery in the UK [J]. Journal of Agricultural Economics, 1987, 38 (2): 281 –288.

[127] Ram M, Susan M. Global Connectivity and the Evolution of Industrial Clusters: Fromtires to Polymers in Northeast Ohio [J]. Industrial Marketing Management, 2017: 20 –29.

[128] Ren L, Min R, Torger R. Cluster and Co-located Cluster Effects: An Empirical Study of Six Chinese City Regions [J]. Research Policy, 2016: 1984 – 1995.

[129] Roman M, Michaela T. Cluster Evolution, Regional Innovation Systems and Knowledge Bases. The Development and Transformation of the ICT Cluster in Southern Sweden [N]. Papers in Innovation Studies, 2015.

[130] Ron Martin, Peter Sunley. Conceptualizing Cluster Evolution: Beyond the Life Cycle Model? Regional Studies, 2011, 45 (10): 1299 –1318.

[131] Scott A J. Industrial Organization and Location: Division of Labor, the Firm and Spatial Process [R]. 1986.

[132] Sæther B. Socio-economic Unity in the Evolution of an Agricultural Cluster. European Planning Studies, 2014, 22 (12): 2605 –2619.

[133] Storper M. Regional Technology Coalitions an Essential Dimension of National Technology Policy [J]. Research policy, 1995, 24 (6): 895 –911.

[134] Stuart C. The Management Century: A Critical Review of 20th Century Thought and Practice. Wiley, 2000.

[135] Tiberio D, Benedetta N. Using Life Cycle Assessment (LCA) to Measure the Environmental Benefits of Industrial Symbiosis in an Industrial Cluster of SMEs [J]. Journal of Cleaner Production, 2017: 157 –164.

[136] Uzzi B. Social Structure and Competition in Interfirm Networks: The Paradox of Embeddedness [J]. Administrative Science Quarterly, 1997: 35 –67.

[137] VanDijk M P. Small Enterprise Cluster in India and Indonesia, an Evo-

lutionary Perspective ［J］. European Institute for Comparative Urban Research, Erasmus University Rotterdan, 1997.

［138］ Williamson OE. Market and Hierarchies: Analysis and Antitrust impli-cations ［M］. New York: The Free Press, 1985.

后　记

伴随着本书的完稿，新年的钟声已敲响，自己也将步入不惑之年。本书从构思到成文写作过程极其艰难，既是过去求学和工作生涯的结晶，也是未来研究的起点。

能走到今天，最应感谢的是导师杨敏丽教授。导师把我带进了农业机械化的研究领域，让我感受到了一个全新广阔的领域。导师对学问的精益求精、积极向上、勇往直前的态度深深地感染了我，无数次深夜当我遇到困难想要放弃的时候，眼前就会浮现老师晚睡早起、每天精神抖擞投入工作的身影；每当对工作和学习有所懈怠的时候就会去找老师聊聊，迅速燃起斗志。除了学习，导师对我生活上的关怀也是无微不至的，在我父亲遭遇变故时第一时间与我长谈，鼓励我走出伤痛；在我孩子生病时，凌晨发来消息问候，导师的热心肠和善良让人温暖至今。在跟随老师外出学习时更深刻体会到老师对细节的关注，这些对我的为人处世和职业生涯产生了很大的影响。

在农大学习期间，多次与德高望重的师爷白人朴教授接触，非常钦佩他对待学问一丝不苟的态度。经管学院的卢凤君教授多次对本书进行指导，他的睿智和新颖的思维方式给予我诸多启发。工学院的李洪文教授为人低调，不仅授予我们专业知识，还教育我们做人的道理，他鼓励我们不要做书呆子，要做有心人、懂得感恩的人以及会交朋友的人。感谢工学院郑志安副教授在研究期间给我的诸多启发。此外，多次参加过工学院多位教授组织的国内外学术会议，工学院以韩鲁佳为首的教授们谦逊的科研态度、对学问孜孜不倦的追求给人留下了深刻印象，在此对他们一一表示感谢。

感谢师姐师丽娟和董青，她们持续给我鼓气；感谢张丽娜、岳帅、李彬、汪波、贾梁智、艾馨及其他师弟师妹们对我的关心；感谢师兄弟王锋德、游凌、马腾飞，是他们不辞辛苦帮我联系农机行业的专家和领导协助完成问卷的调研工作；感谢参与问卷调研的全国各地的"农机人"，经常在午夜时分看见他们在网上给我提交问卷！

感谢北京信息科技大学经济管理学院葛新权教授、张健教授、曲立教授和金春华教授，感谢硕士阶段的恩师刘宇教授，是他们对我工作的支持和鼓励，支持我撰写本书；感谢同事齐林、倪渊、张长鲁、王宁、颜瑞、姜雨和王宗水，他们多次参加本研究讨论会，提出合理建议。

　　感谢我的爱人和女儿，他们非常宽容，体谅我的"顾此失彼"；感谢我的爸爸妈妈，多年来毫无怨言地帮我照顾家里，让我从不为家事烦心。对于众人给予的帮助，无以为报，唯有在日后的工作、学习和生活中勇于进取，以感恩之心来回馈社会。

何　琼
2019 年 12 月

图书在版编目（CIP）数据

我国农机产业集群演化机制与可持续发展路径研究/
何琼著 . —北京：经济科学出版社，2020.5
ISBN 978 – 7 – 5218 – 1511 – 5

Ⅰ. ①我⋯　Ⅱ. ①何⋯　Ⅲ. ①农业机械 – 机械工业 –
产业集群 – 可持续性发展 – 研究 – 中国　Ⅳ. ①F426.4

中国版本图书馆 CIP 数据核字（2020）第 067648 号

责任编辑：赵　芳
责任校对：隗立娜
责任印制：邱　天

我国农机产业集群演化机制与可持续发展路径研究
何　琼　著
经济科学出版社出版、发行　新华书店经销
社址：北京市海淀区阜成路甲 28 号　邮编：100142
总编部电话：010 – 88191217　发行部电话：010 – 88191522
网址：www. esp. com. cn
电子邮件：esp@ esp. com. cn
天猫网店：经济科学出版社旗舰店
网址：http://jjkxcbs. tmall. com
固安华明印业有限公司印装
710 × 1000　16 开　11.75 印张　210000 字
2020 年 7 月第 1 版　2020 年 7 月第 1 次印刷
ISBN 978 – 7 – 5218 – 1511 – 5　定价：52.00 元
（图书出现印装问题，本社负责调换。电话：010 – 88191510）
（版权所有　侵权必究　打击盗版　举报热线：010 – 88191661
QQ：2242791300　营销中心电话：010 – 88191537
电子邮箱：dbts@ esp. com. cn）